금기, 무슬림 여성을 엿보다

엄익란 지음

한울

차례

무슬림 여성에 대한 소회

무슬림 여성은 우리에게 금기다.
그들에 대한 공론화는 터부시되어왔기 때문이다.
무슬림 여성에 대한 우리의 관심이
표면적으로 드러나는
히잡 문화와 명예 살인에만 주로 머물러왔던 것도 바로 그 때문이다.

무슬림 여성은 우리에게 달팽이다.
무슬림 여성의 눈은 늘 새로운 곳을 향하지만
그 변화는 느리다.
외부의 자극 하나에 쏙 들어가버리는 달팽이처럼
전통과 현대 문화, 그리고 종교와 세속 문화 사이를 오가며
더디게, 더디게 변화한다.

그래서 우리는
무슬림 여성을 잘 알지 못한다.

그러나 드러나지 않는 곳에서
무슬림 여성은 항상 변화를 갈망해왔다.

무슬림 여성은,
교육을 통해 자신의 가치를 높이고,
일을 통해 성취감과 경제력을 확보하고,
여성운동을 통해 자신의 목소리를 내고,
인터넷을 통해 울타리 밖의 세상과 소통하고 있다.

무슬림 여성은,
우리네 일반 여성들과 다를 바 없다.

나는 왜 무슬림 여성을 위해 글을 쓰는가?

오리엔탈리즘을 탈피해
무슬림 여성에 대한 균형적인 시각을
널리 알리기 위해서도 아니고,
문화적 상대주의에 입각해
그들의 전통 문화를 존중하며 이해해야 한다는
변론을 펼치기 위함도 아니다.

다만 그동안 숨겨져 있었기 때문에

오히려 우리의 상상력만 강하게 자극했던
아랍 세계 무슬림 여성의 일상적인 모습을
솔직 담백하게 전하고 싶었다.

아랍 지역의 이슬람 문화를 탐구하면서
이전에는 우리와는 '다른' 처지의 무슬림 여성에게 측은지심을 느꼈다.
그러나 이 지역의 문화를 연구한 지 20년이 넘어가면서,
그리고 인생도 사십이 넘어가면서,
이제는 그녀들의 삶이
나의 삶과 많은 부분이 겹쳐지게 됨을 알게 되었고,
여성으로서, 아내로서, 엄마로서 그들을 이해하기 시작했다.

무슬림 여성은 우리에게 너무나 먼 이야기같이 들린다.
그러나 막상 그들의 삶 안으로 들어가 보면,
그 속에는 우리의 과거와 현재 모습이,
그리고 앞으로 펼쳐질 미래 모습이 서로 교차되어 나타난다.

그래서 이 책에서 나는
우리와 닮은, 그러면서도 종교와 전통의 영향으로
변화에 대한 욕망이 다른 형식으로 표출되는,
그녀들의 문화를 조명하고
두 지역의 문화적 친밀도를 조금이나마 올려보고자 한다.

이 책, 어떻게 읽을 것인가

무슬림 여성에 대한 연구를 하면서 우리와 마찬가지로 그녀들은 전통의 이름으로, 정책의 이름으로, 그리고 제도의 이름으로 일상에서 치열한 삶을 살고 있음을 알게 되었다. 또한 삶을 대하는 그들의 자세도 우리와 별반 차이가 없음을 깨달았다. 현재 이슬람 세계에는 인권 문제, 정치 참여, 교육, 명예 살인, 할례, 그리고 최근에는 IS를 포함해 그녀들을 둘러싼 많은 논쟁들이 있다. 이 책을 통해 그동안 사회적으로 터부시되어왔던, 그러나 항상 논쟁의 중심에 서 있던 그녀들의 음지 속 이야기를 양지로 끌어내어 우리의 관심을 조명해보고자 노력했다.

이 책은 일반인들을 위한 교양서로 저술했다. 그녀들이 경험한 것을 현실적이고 쉽게 전달하기 위해 언론과 영화, 그리고 이슬람 세계에 여행갈 때 겪게 되는 이야기를 중심으로 구성했다. 각 주제의 호흡은 집중도를 높이기 위해 최대한 짧게 구성했으며, 기존에 출판되었던 필자의 저서에서 다뤘던 주제들은 일부를 발췌해 새로운 정보와 함께 재편집했다.

이 책에서 다루는 무슬림 여성은 주로 아랍 여성이다. 무슬림 여성의 범주에는 다양한 여성들이 존재한다. 무슬림은 전 세계 약 57개국에 거주하며, 오늘날 세계화로 인해 북미와 남미, 유럽에도 상당수가 퍼져 있다. 문화적·민족적·언어적으로 다양한 수많은 무슬림 여성들을 이 책에서 다 다룰 수 없기에, 주로 아랍 지역 여성의 삶을 중심으로 다루었다. 사실 아랍 문화는 여성에게 보수적이다. 물론 이슬람의 종교적 영향도 있으나 부족 문화와 가부장 문화권의 전통과 관습도 한몫을 하고 있다. 본문에서 아랍 여성에 대한 문화적 인식의 뿌리를 설명하기 위해 멀게는 7세기, 그리고 가깝게는 20~30년 전으로 거슬러 올라간다. 또한 오늘을 사는 무슬림 여성의 모습도 담아냈다.

그러나 그러한 내용들이 일반 독자들의 아랍 여성에 대한 부정적인 인식을 고착화하는 데 일조할까 봐 다소 걱정이 된다. 본문에 묘사된 내용은 수많은 무슬림 여성의 한 단면을 소개한 것이라는 점을 독자들이 염두에 두었으면 한다. 그리고 이 책을 통해 양 문화 여성들이 서로에 대한 이해의 폭이 더욱 넓어졌으면 하는 바람이다.

이 책이 출판되기까지 많은 관심으로 응원해준 한울 출판사와 편집을 맡아주신 조인순 선생님께 감사드린다. 또한 자신의 결혼사진을 흔쾌히 기부해 한국의 독자들과 이슬람 문화권의 결혼 문화를 공유해준 팔레스타인의 루바바 사브리 Lubaba Sabri 에게도 감사의 뜻을 전한다.

새벽마다 일어나 작업하는 엄마를 이해하고, 곁에서 응원해주었던
우리 사랑이 '준'과 자랑이 '민'을 위해
2015년 8월
저자 엄익란

일러두기

_ 이 책에서 영어로 아랍어 음가를 표기할 때는 ALA-LC 로마자표기법을 적용해 이탤릭체로 표기했다. 그러나 '아인'을 제외한 모든 음성기호는 생략했다.

_ 이 책에서 사용한 아랍어의 한국어 음가 표기는 현대 표준 아랍어 원음과 최대한 비슷하게 표현한 것이다. 보통 성이나 가문, 왕족 이름 앞에 붙는 'Al'은 'The'를 뜻하며 로마자 표기 과정에서 종종 '티'로 표기되지만, 아랍어와 가깝게 표현하기 위해 영어 '티'의 음가를 '엘' 대신 '알'로 표기했다. 또한 'Al'이 태양문자와 만나는 경우 '앗' 혹은 '안'등으로 발음되나 편의상 모두 '알'로 표기했다. 예) ① 나왈 '엘' 사으다위 대신 나왈 '알' 사으다위, ② 또한 발음상 '앗' 싸으다위 대신 '알' 사으다위로 표기

_ 참고문헌의 저자를 제외한 모든 인명은 영어 병기를 하지 않았다.

_ 일부 내용은 필자의 기존 논저에서 일부분을 발췌해 수정한 것이다. 특히 결혼 부분은(12, 13, 14장) 기존 출판물인 『이슬람의 결혼문화와 젠더』(2009)의 내용을 발췌하였다.

01

성과 순결에 대한 이슬람 사회의 집착,
그 심리를 파헤치다

성에 대한 한국 사회의 인식과 회고

이제는 한국도 성에 대해 많이 개방되었다. 그래서 남녀 관계에 대한 공개적인 토론은 더 이상 낯 뜨거운 것이 아니다. 성에 대한 사람들의 욕망, 환상, 행위, 사고, 감정, 가치관, 그리고 사회제도와 규범은 방송 매체와 언론을 통해 자주 등장하는 주제가 되었다. 오늘날 결혼을 앞둔 커플에게 신부의 처녀성은 그리 중요한 문제가 되지 않는다. 심지어 이를 따지다가 비웃음을 살 수도 있다. 오히려 결혼 시 '뱃속의 아이는 혼수품'이라는 말도 나돌고 있다. 하지만 필자가 어렸을 때만 해도 상황은 달랐다.

아주 어렸을 때부터 필자는 성에 대해 상당히 보수적이었던 고모로부터 성 관념에 대한 교육을 받았다. 고모는 만날 때마다 '여자는 결혼할 때까지 반드시 자신의 순결을 지켜야 한다'고 강조하셨다. 여성의 순결은 남편과의 첫날밤 붉은색 혈흔으로 증명된다는 말씀도 잊지 않고 덧붙였다. 그러면서

"남자는 순간의 충동을 못 참으니 여자가 몸 간수를 잘해야 한다", "일찍 귀가해라", "남자는 대학 가서 사귀어라"라는 잔소리 섞인 설교가 이어졌다. 그때는 매일 듣는 잔소리에 반항도 해보고 무관심으로 대응도 해보았으나 당시 고모로부터 받은 성 관념 교육은 뇌리에 깊숙이 박혔다. 그런데 지금 생각해보니 고모로부터 받은 교육은 '교육'이 아니라 성에 대한 '억압'이었다. 그리고 거기에는 여성을 바라보는 한국 사회의 시선이 고스란히 담겨 있었다. 그런데 몇십 년이 지난 지금까지도 한국 사회가 여성을 바라보는 태도는 쉽게 바뀌지 않은 듯하다. 고모가 성 관념에 대해 교육하던 시절이나 지금이나 성과 관련된 사건이 뉴스거리로 등장할 때면 사람들은 일을 낸 남성을 맹비난한다. 그러나 동시에 여성으로부터 원인을 찾는 습관도 여전하다. "저 여자 행실이 어땠기에……", "도대체 왜 저런 옷을 입었는지……", "여자가 왜 저리 늦은 시간까지 돌아다니는지……."

여성을 바라보는 아랍 사회의 시각

모로코의 여성학자인 파티마 머니시Fatima Mernissi는 조지 머독George Murdock의 글을 인용해 성적인 본능을 규제하는 방식에 따라 사회를 두 분류로 나눈다. 첫 번째 사회에서는 구성원들이 사회화 과정에서 성에 대한 금기 사항과 규율을 강력하게 내재화한다. 그 결과 구성원들은 내재된 성윤리와 규칙을 자발적으로 존중하며 따른다. 여기에는 주로 서구 사회가 포함된다. 반면 두 번째 사회에서는 구성원들에게 성에 대한 금기 사항과 규율을 내재화하는 데 실패한다. 이러한 형태의 사회에서는 겉으로만 성에 대한 규칙을 준수한다. 그래서 이러한 사회에서는 예방에 더 신경 쓴다. 따라서 비혼 여성의 혼전 순결이 중시된다. 머니시는 아랍 세계에 작동하는 성 질서와 윤리가 주로 후자에 해당한다고 본다. 그래서 이슬람 사회에서는 베일이나 하렘harem● 제도를 통해 성 질서를 위협할 수 있는 잠재적인 요소를 미리 차단해버린다. 그리고 사회는 이들을 지속적으로 감시한다. 머니시는 또한 이슬람 지역 최초의 남성 페미니스트로 알려진 1900년대 초기 인물인 까심 아민Qasim Amin의 말을 소개한다. 까심 아민의 말이 시대에 동떨어진 면이 있으나 그에 의하면 여성은 남성보다 성적 충동을 더욱 잘 조절할 수 있으며, 그 때문에 베일은 여성을 보호하기 위한 수단이라기보다 남성을 보호하는 수단이라는 것이다(Mernissi, 1975: 30). 아랍은 참 아이러니하고 철저히 남성 중심적인 사회이다. 남성을 보호하기 위해 여성의 몸을 가려야 한다니……. 이는 이성보다 본능에 충실한 남성의 자질을 인정하는 말이 아닐 수 없다.

그러나 어찌 보면 이슬람 문화권에서 여성을 바라보는 시각은 차별을 넘어 어쩌면 비겁하기까지 하다. 사회질서를 위협하는 모든 원죄를 여성에게 뒤집어씌우기 때문이다. 아랍 이슬람 사회의 문화적 인식에 따르면 사회는 여성의 성성性性, Sexuality을 무능화시켜야 도덕 질서를 바로잡을 수 있다. 그래서 이슬람 사회에서는 여성의 성성을 억압하며 수동적으로 만들어버

● 무슬림 여성들이 주로 거처하던 공간으로 가족을 제외한 일반 남성의 출입이 금지된 곳이다. 이 명칭은 아랍어의 '금지된'에서 나왔다.

01 성과 순결에 대한 이슬람 사회의 집착, 그 심리를 파헤치다

이집트 페미니스트, 나왈 알 사으다위
© Robin Kirk (flickr.com)

렸다. 그리고 그에 부합하는 행동을 하는 여성은 품행이 바르고 명예로운 여성이라는 훈장을 달아주었다. 반면 사회적 인식이나 기준에 부합하지 않는 능동적이며 도전적인 여성에게는 '수치'라는 꼬리표를 달아주었다. 여성이 자신의 명예를 가장 잘 지킬 수 있는 길은 바로 혼전까지 순결을 보존하는 것이다. 그래서 이슬람 사회에서는 결혼 전까지 여성의 순결을 유지하기 위해 베일로 온 몸을 가린다. 또한 여성의 음핵 일부를 잘라내어 처녀성을 유지하는 할례의 관습도 유지되고 있다. 게다가 일부 지역에서는 간통을 하거나 강간을 당한 여성을 죽임으로써 가문의 수치를 씻어내기도 했다. 이를 '명예 살인honor killing'이라 한다. 후술하겠으나 이러한 형태의 비인륜적인 전통은 여전히 이슬람 지역 일부에서 자행되고 있다. 이처럼 이슬람의 가부장 문화권에서 여성의 성은 억압받고 또 감춰질 때에만 비로소 제 가치를 인정받는 것이다.

여성의 성과 관련해 이집트의 유명한 페미니스트이자 작가인 나왈 알 사으다위Nawal el-Saadawi(1931~현재)는 1980년에 서술한 자신의 회고록 『이브의 숨겨진 얼굴The Hidden Face of Eve』에서 첫날밤 혈흔을 남기는 데 실패한 수많은 이집트 여성들이 겪는 수모를 낱낱이 고발하고 있다. 혈흔이라는 가시적인 방법으로 자신의 순결을 입증하지 못한 여성들은 그다음 날 남편

아랍의 봄과 이집트 여성
© Saleem Homsi (flickr.com)

이나 아버지 손에 이끌려 병원으로 온다. 그리고 수치스러운 처녀성 검사를 당하게 된다. 보수적인 이슬람의 가부장 문화권에서 여성이 스스로를 지킬 수 있는 자존심이란 존재하지 않는다. 오늘날은 그나마 처녀막이 격한 운동에 의해 손상될 수 있다는 의학 지식이 알려져 있다. 그러나 여성은 자신의 순결에 대한 의혹이 깨끗하게 해결되지 않는 한 이혼이나 죽음으로 최후를 맡게 될 운명에 처한다.

　여성의 처녀성에 대한 집단적인 집착을 제도적으로 가장 잘 보여주는 국가가 바로 사우디아라비아이다. 사우디아라비아는 1932년 건국 이래 이슬람을 '문자 그대로' 해석하는 와하비즘Wahhabism•을 국가의 이념으로 삼아 왔다. 사우디아라비아 정부는 공공장소에서 남성과 여성의 만남을 철저히

01 성과 순결에 대한 이슬람 사회의 집착, 그 심리를 파헤치다

차단한다. 그뿐 아니라 여성에게는 체육 수업(2013년 허용)이나 자전거 탑승(2013년 허용), 심지어 자동차 운전도 금지해왔다. 이러한 활동들이 여성의 처녀성을 훼손하거나 태아의 보금자리인 자궁에 피해를 줄 수 있다는 이유에서이다. 비슷한 일은 지난 2011년 '아랍의 봄Arab Spring' 때도 일어났다. 아랍의 민주화 운동이 아랍 세계 전체를 휩쓸었을 당시 아랍 시민들은 부패 정권의 척결을 위해 거리로 나섰다. 시민운동에서 남성과 여성의 구분은 없었다. 특히 자유의 상징인 이집트 타흐리르 광장에서 여성들은 남성들과 함께 어깨를 나란히 하며 아랍의 민주화를 부르짖었다. 그 결과 40년간 이집트를 지배해온 무바라크Mubarak 독재 정권은 무너졌다. 그러나 사태가 완료된 후 여성에게 돌아온 것은 민주 투사와 같은 명예로운 훈장이 아니었다. 경찰 당국은 남성들과 함께 몸으로 민주화를 외친 여성에게 처녀성 검사를 시행했던 것이다. 그리고 남성의 영역인 공적 공간을 침범한 여성에게는 '수치'라는 차가운 시선만이 남았다. 이러한 사례들은 보수적인 아랍 이슬람 문화권에서 여성의 몸이 어떤 방식으로 국가에 의해 감시되고 관리되는지 여실히 보여준다.

- 18세기에 태동한 이슬람 분파로서 엄격한 율법을 강조하는 이슬람 원리주의로 귀환을 주장한다. 경전 코란을 '문자 그대로' 해석하며 사우디아라비아의 건국이념이 되었다.

성과 순결에 대한 이슬람 사회의 집단적 집착, 그 심리는 무엇인가

이슬람 가부장 사회에서는 성과 관련된 문제들에 대해 왜 여성에게 더 많은 책임을 묻는가? 이슬람 사회에서 여성의 성과 순결에 대한 문화코드는 어떻게 해석되는가?

가부장 중심의 사회질서를 존중하는 이슬람 문화권에서는 여성성의 표현에 특히 인색했다. 그 문화적 인식을 설명하기 위해서는 다시 머니시로 돌아와야 할 것 같다. 모로코 사회의 섹슈얼리티를 연구한 머니시에 의하면 이슬람 사회에서 여성의 성은 무질서 혹은 유혹의 수단과 동일하게 취급된다고 한다(Mernissi, 1982). 같은 맥락에서 이집트 베두인 사회를 연구한 릴라 아부 루그드Lila Abu-Lughod는 중동 사회에서 여성의 성은 가부장 사회의 질서를 위협하는 수단으로 인식된다고 주장했다(Abu-Lughod, 1996). 따라서 여성의 몸과 성적 욕망은 이슬람교의 신성성을 오염시키며 동시에 가부장 사회의 질서를 어지럽히는 근원으로 해석된다. 특히 생산 능력이 있는 여성의 몸은 부정한 일이 발생할 경우 남성 중심의 사회질서를 붕괴하고 어지럽힐 수 있는 수단이 될 수 있다. 그래서 여성의 몸에 대한 남성들의 통제는 더욱 강화되었다.

그런데 여성의 몸에 대한 부정적 인식은 이슬람 문화권에만 한정된 것은 아니다. 오히려 시대와 공간을 초월해 모든 가부장 중심 사회에서 공통적으로 나타나는 듯하다. 가령 고대 그리스에서 여성의 몸은 사회질서를 위협하는 오염의 대상으로 등식화되었다. 또한 유대교와 기독교에서도 여성에 대한 인식은 부정적이었다. 유대교의 전통에 따르면 여성은 생리 중에는 탈무드를 공부할 수 없었다. 여성의 몸은 '오염된 것'으로 인식되어 공공 장소에서의 이동이 제한되었으며 교회 출입도 금지되었다(Barlas, 2002: 150~151). 이러한 전통은 오늘날까지도 일부 근본주의 유대인에게 이어지고 있다. 보수적인 정통 유대인들은 모르는 여성의 옆자리 착석을 꺼린다. 2014년 뉴욕에서 이스라엘의 텔아비브로 향하던 엘알 항공 비행기에서 한 유대인 남성 승객은 모르는 여성 승객이 옆자리에 배치되자 착석을 거부했고 비행기 이륙이 지연된 일도 있었다(*Inquisitr*, 2015년 1월 5일 자).

한편 이슬람과 기독교의 성에 대한 인식 차이를 비교 연구한 압둘와합 부디바Abdelwahab Bouhdiba는 "기독교에서 섹슈얼리티는 단순히 유희적인 행위는 아니다. 반대로 이는 책임과 약속이 전제된 진중한 행위이며, 감각적인 유희 이상이다. 섹슈얼리티는 신성한 맹세이다……. 기독교에서는 승화나 초월을 통해 성 욕구를 억제한다"라고 언급한다(Bouhdiba, 1985: 94~100). 유대교와 기독교에 나타난 성에 대한 부정적인 인식과 달리 이슬람 문화권에서 성에 대한 인식은 관대하며 진보적이다. 부디바에 의하면 결혼이라는 제도 내에서 인간의 성은 긍정적으로 인식된다. 오히려 적극적으로 권장된다. 즉, 이슬람의 종교적인 맥락에서 무슬림 남성과 여성은 성적으로 만족할 권리가 주어진다. 코란은 인간의 가장 기본적인 욕구인 성적 욕망과 그 충족의 중요성을 인정하는 것이다(엄익란, 2009: 160). 다시 말해 이슬람에서 섹스는 자손을 생산하기 위한 수단일 뿐만 아니라 즐길 수 있는 행위로 인정되고 있음을 알 수 있다. 이를 반영하듯 무슬림들은 '결혼이 종교의 반半을 이행하는 길'이라고 믿는다. 이 때문에 이슬람에서는 성직자도 결혼을 할 것을 권장하며, 독신을 선호하지 않는다. 결국 이슬람에서 성은 인간의 기본 욕구 중 하나로 인정되며, 성적 욕구와 기쁨을 추구하는 것은 자연스러운 본능인 것이다.

　이슬람 문화권의 순결에 대한 의미를 짚어보기 위해 사도의 결혼 사례를 들여다보자. 사도 무함마드Muhammad는 — 하디스 hadith(사도 무함마드의 언행록)마다 서로 다르지만 대부분의 학자들 의견에 따르면 — 14명의 아내와 결혼했다고 알려져 있다. 그런데 사도의 배우자는 단 한 명을 제외하고 나머지는 처녀가 아니었다. 대부분이 전쟁 미망인이거나 이혼녀였다. 처녀 결혼은 6세에 결혼을 약속했던 아이샤가 유일하다. 이와 관련해 여성의 관점에서 코란을 재해석한 파키스탄 학자 아스마 바를라스Asma Barlas는 사도 무함마드에게 여성의 처녀성과 순결이 별개였음을 보여주는 사례라고 강조한다. 그녀에 의하면 이슬람교를 창시하고 무슬림을 이끌었던 무함마드에게 중요했던 것은 여성의 '신체'적인 순결, 다시 말해 그 어떤 남성도 '사용'하지 않은 여성의 몸이 아닌 마음과 정신의 순결이었다는 것이다(Barlas, 2002: 154~156). 그와 함께 바를라스는 이슬람 문화권에 나타나는 여성 차별의 근원을 이슬람의 본질이 아니라 '하디스'에서 찾는다. 그녀는 이슬람 자체에는 성 편력적인 가치가 없으나 코란을 수집하고 무함마드의 언행록을 집대성한 남성들이 자신들의 권력을 공고히 하기 위해 가부장 중심의 제도와 규범을 만들었다고 주장하고 있다. 그 결과 이슬람 도래 이전 모계와 부계가 함께 공존하던 사회구조는 결국 남성 중심의 부계 사회로 발전하게 되었다고 주장한다(이슬람 도래 이전의 모계와 부계가 공존하는 사회와 관련된 내용은 제5장에서도 설명).

　만일 무슬림 사회가 그리고 무슬림 남성들이 사도 무함마드가 인식했던 순결의 의미를 조금이라도 헤아리고 이를 받아들였다면 오늘날 이슬람 지역에서 여성에게 행해지는 수치스러운 처녀성 검사와 명예 살인은 진작 근절되었을 것이다. 또한 만일 무슬림 사회가 사도 무함마드가 그랬던 것처럼 여성의 몸보다 여성의 내면, 즉 정신적 순결에 더 많은 의미를 두었다면 여성의 성기를 훼손하는 할례 시술과 처녀막 재생 수술과 같은 위선 또한 필요 없었을 것이다. 여성의 성기 훼손인 할례 문화와 처녀막 재생 수술은 후속 장에서 자세히 소개하도록 한다.

02

무슬림 여성에게 가해지는 성기 훼손,
할례 문화의 뿌리는 어디인가

할레에 대한 나왈 알 사으디위의 기억

이슬람 지역의 수많은 여성들은 때로는 이슬람이라는 이름하에, 그리고 때로는 전통이라는 이름하에 자신의 신체 일부를 훼손당한다. 할례로 무슬림 여성이 어떤 고통을 겪는지 이집트 출신의 페미니스트 활동가 나왈 알 사으디위는 그녀의 책『이브의 숨겨진 얼굴』(1980)에서 자신이 여섯 살 때 당했던 성기 훼손의 경험을 사실적으로 전달하고 있다. 자고 있던 그녀는 투박한 손에 의해 억압당한 채 무력한 존재가 된다. 그리고 그녀의 허벅지 안으로 날카로운 칼날이 들어와 신체 일부를 떼어내 버렸다. 그녀는 그때 의 끔찍했던 기억을 이렇게 되짚는다.

나는 고통스러워 소리를 질렀다. 나의 입을 틀어막은 손도 소용없었다. 그 고통은 그냥 고통이 아니었다. 그것은 내 몸을 지글지글 태우는 불꽃과 같았다. ······ 나는 울부짖으며 엄마를 찾았다(El-Saadawi, 1980: 7~8).

나왈 알 사으디위의 할례에 대한 회고를 읽으며 양손에 땀을 쥐는 듯한 긴장감을 느꼈다. 소름도 돋았다. 그리고 이슬람 세계에서 여성으로 태어난 것에 대한 두려움과 절망도 읽었다. 자신이 통제할 수 없는 상황에서 저항은 무의미했다. 그러나 무엇보다 절망적이었던 것은 자신이 가장 믿고 의지하던, 그래서 위험으로부터 자신을 보호해줘야 마땅했던 어머니가 이 모든 일을 계획하고 주도했다는 사실이다. 지금도 전 세계 29개국 1억 2500만 명의 여성들이 할례 시술로 인해 고통받고 있다. 과연 여성의 이름으로 여성에게 자행되는 할례의 뿌리는 어디이고, 그 의미는 무엇인가?

성기 훼손, 할례의 기원

할례의 기원은 정확히 알려지지 않고 있다. 그러나 인류의 할례 문화와 그 뿌리를 연구한 데이비드 골래허David L. Gollaher에 의하면 할례는 인류사에서 가장 오래된 외과 수술이라고 한다. 세계에서 가장 오래된 할례에 관한 자료는 이집트의 무덤에서 발견된 벽화이다(골래허, 2004: 25). 벽화에는 사제가 돌칼로 청년에게 수술을 하고 있으며 조수는 청년 뒤에서 팔을 꽉 잡아 뒤로 당기고 있다. 이집트 남성들은 할례를 통해 몸을 정화하고 청결히 할 수 있었다. 그뿐만이 아니다. 그들은 할례를 통해 자신이 신체적 고통을 극복할 정도로 성숙했음을 공동체에 보여준다. 당시 사람들은 피지를

**할례 시술을 묘사한
이집트 벽화**
© flickr.com

품고 있는 포피를 제거함으로써 분비물이 쌓이는 저장소를 없앤다고 생각
했다. 이집트에서 할례 의식은 주로 사제나 귀족 등 특별 계층에만 국한된
행사였다. 그래서 할례는 권력의 상징으로 간주되었으며, 그 결과 할례에
대한 이집트인들의 자발적인 참여도 가능했다는 점을 유추할 수 있다.

이후 할례는 유대교에서 하나님과의 약속을 이행하기 위한 수단, 즉 종
교적인 목적에서 행해졌다. 하나님과 아브라함의 계약 내용을 소개한 창세
기 17장 14절에는 "포경을 베어 할례를 받지 않은 남자는 내 계약을 깨뜨린
사람이니 겨레에게 따돌림 받게 되리라(골래허, 2004: 40)"라고 언급되어 있
다. 즉, 할례는 유대인에게 부족의 징표였으며, 이행하지 않으면 부족으로
부터 제명당했다. 골래허는 유대교에서 할례 시술이 공동체의 정체성을 표
현하기 위한 목적 외에도 몸의 정화 의식을 통한 자녀 생산을 위해 행해졌

다고 소개한다. 즉, 유대인들에게 포피를 제거하는 할례는, 부부관계를 맺고 후손을 생산할 수 있도록 몸을 준비하는 과정으로 인식되었다는 것이다. 이 역시 신이 아브라함과의 계약에서 후손과 민족의 번성을 약속한 것과 관련 있다. 즉, 할례는 다산, 세대 간의 연속성, 그리고 부족에 대한 소속감을 상징하며 동시에 신체적으로 성인이 되었음을 알리는 신고식의 의미가 내포되어 있다.

기독교에서는 유대인들의 할례 전통을 받아들이지 않았다. 그 대신 사도 바울은 종교적 배경에서 행했던 할례를 세례 형식으로 바꾸었다. 성인 남성의 성기에 가해지는 폭력이 개종의 필수 요건으로 남아 있으면 포교에 한계가 있을 것이라 생각했기 때문이다. 게다가 할례를 포기하는 대신 물로 세례를 함으로써 유대교와 구별될 수 있는 종교적 정체성을 새롭게 구현할 수 있었다(골래허, 2004: 80).

유대교와 마찬가지로 이슬람교 또한 할례의 전통을 아브라함에서 찾고 있다. 단 할례의 시기에는 차이가 있다. 유대인들은 일반적으로 아이가 태어난 지 7일째 되는 날 할례를 행한다. 그러나 이슬람교에서는 유대교와 차별화하기 위해 어린아이의 머리가 자랄 때까지 기다렸다. 즉, 신생아에게 할례를 실시하는 유대교와 달리 이슬람교에서는 아이가 좀 더 성장하고 머리가 난 시점인 7세부터 12세 사이에 주로 행한다. 사도 무함마드의 경우 당시의 전통에 따라 그의 할아버지가 태어난 지 40일 만에 할례를 행했다고 전해진다. 이는 할례가 이슬람의 관습으로 정착되기 이전부터 이미 셈족의 전통으로 존재하고 있었음을 의미한다. 즉, 무슬림의 할례 행위는 이슬람의 관습이라기보다 그 지역의 전승 문화에 가깝다고 볼 수 있다. 게다가 코란에서 할례에 대한 언급이 없다는 점은 할례의 전통이 이슬람교에서 기원하지 않았음을 더욱 뒷받침한다(Bouhdiba, 2004: 175; 골래허, 2004: 98). 코란에는 언급되지 않은 할례의 전통이 이슬람의 전통으로 자리 잡게 된 데에는 하디스의 가르침이 있다. 하디스에 의하면 사도가 "할례는 남자에게 순나(사도 무함마드의 언행으로 무슬림이 따라야 할 규범), 여성에게는 권장되는 것"이라고 언급했다는 것이다(Bouhdiba, 2004: 176). 이슬람 지역의 성 문화를 탐구한 부디바에 의하면 무슬림 남성에게 행해지는 할례는 포피의 일부를 잘라내는 형태와 고환의 일부 혹은 전체를 잘라내는 두 가지 형태가 있다. 그런데 후자는 신체를 심각하게 훼손하기 때문에 금지하고 있다.

남성의 할례가 고대부터 행해진 것처럼 여성 할례의 기원도 고대로 추정된다. 오늘날 수단 지역에서 행해지는 할례가 '파라오식 할례'라 불리는 것을 보면 고대 이집트 문화에도 여성 할례가 있었음을 방증한다. 이는 실제로 미라를 통해서도 확인되었다(드렌스, 2007: 287). 할례 문화의 역사를 연구한 골래허는 밀라노의 성 암브로시우스가 인용한 4세기 파피루스에서 "이집트 사람들은 14세가 되면 소년들이 할례 의식을 치렀다. 소녀들도 같은 해에 할례를 받았다. 그때가 성적인 욕망이 생기는 때이고 여성의 월경이 시작되는 시기이기 때문이다"라고 언급된다고 소개하고 있다(골래허, 2004: 340). 할례 문화의 기원을 이 지역의 기후 조건에서 찾으려는 시도도 있었다. 아프리카 지역을 여행한 한 학자는 무더운 날씨가 여성의 성기 모양을 바꾸어놓았기 때문에 할례가 의학적으로 필수적인 것이 되었고, 실제로 에티오피아 여성은 유별나게 큰 음핵을 지니며 음순은 비정상이라고 설명한다(골래허, 2004: 342).

그러나 무슬림 여성에게 할례는 의무 사항이 아니라 권고 사항으로 여겨지고 있다. 이는 사도 무함마드의 일화를 통해서도 알 수 있다. 어느 날 사도는 '움 아트야'라고 불리는 한 여성이 소녀에게 할례를 행하는 모습을 목격했다. 그는 "남성에게 할례는 의무이지만 여성에게 할례는 권장되는 것이다. 피부의 표피만 살짝 건드리고 깊숙한 부분은 자르지 마라. 그러면 여성의 얼굴은 밝아질 것이고, 남성의 만족도 높아질 것이다(Bouhdiba, 2004: 176)"라고 언급했다고 한다. 즉, 사도는 할례를 통해 실질적인 성기 훼손을 의도하지 않았음을 보여준다. 그는 이슬람 세계에서 할례가 상징적인 의미로 남길 희망했다.

오늘날 이슬람 지역에서 행해지는 여성 할례의 현황과 방식

여성 인권과 아동 학대에 대한 유니세프(UNICEF, 2013)의 자료에 의하면 (그림 1-1 참조) 할례는 2013년 현재 아프리카와 중동 지역 29개국에서 1억 2500만 명의 여성에게 행해졌다. 특히 할례는 아프리카 여성들에게 주로 행해지고 있으며, 이 중 이슬람 문화권에 속한 아랍연맹 국가는 이집트, 수단, 소말리아, 지부티, 예맨, 이라크가 있다. 즉, 모든 무슬림 여성에게 할례가 행해지지 않음을 알 수 있다. 여성 할례는 여아의 나이 5세에서 14세 사이에 가장 많이 행해지고 있으며, 그 목적은 혼전 여성의 처녀성을 보존하는 것이다.

여성의 할례 방식은 지역에 따라 다양하게 나타난다. 골래허에 의하면

그림 1-1 **15세에서 45세에 이르기까지 할례를 시행한 비율** (단위: %)

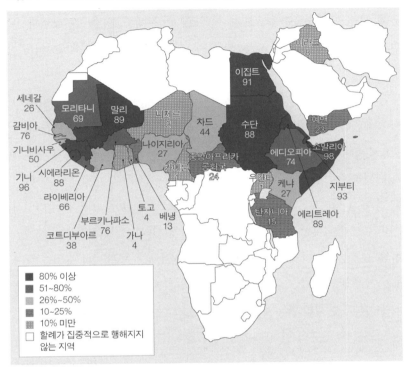

자료: UNICEF (2013).

크게 세 가지의 방식이 있다. 첫 번째는 수니 무슬림 간에 행해지는 할례로 두건 모양의 클리토리스 일부를 제거하는 방식이다. 이는 남성의 할례 방식과 비슷하게 행해진다. 성기에 대한 훼손 범위가 크지 않기 때문에 할례 이후 여성은 성불구가 되지 않는다. 그리고 심리적인 트라우마도 없다고 알려져 있다. 두 번째는 적출 방식이다. 이는 클리토리스의 작은 샘만을 제거하거나 완전히 제거하는 형태이다. 이러한 방식은 이집트에서 주로 행해진다. 세 번째는 음핵 봉합의 형태이다. 이는 '파라오식 할례'로도 알려져 있다. 대음순과 소음순을 포함해 클리토리스 전체를 제거하며, 소변과 생리혈 배출을 위한 약간의 부분만 남겨두고 음문 부위를 모두 꿰매어버리는 원시적인 형태의 할례이다. 이는 보통 수단에서 행해지는 할례 방식으로, 봉합되었던 여성의 성기는 결혼과 함께 남성의 성기가 들어갈 수 있도록 다시 절개한다. 그리고 남편 될 사람의 남근과 같은 모양과 크기의 나무나 진흙으로 된 물체를 삽입하고 며칠에서 몇 주 동안 그대로 놔둔다. 부부관계를 위해 여성의 몸을 준비하는 과정이다. 이후 여성의 성기는 출산 시 다시 한 번 넓게 열리고 출산을 마치면 일부는 다시 봉합된다. 그러다 여성이 이혼하면 성기는 다시 재봉합되는 수난을 겪게 된다. 즉, 이론적으로 따지면 여성은 다시 처녀가 되는 것이다. 결국 여성의 성기는 정절과 순결을 중시하는 가부장 사회의 도덕관념에 의해 열렸다 봉합되는 도구로 전락했다고 볼 수 있다. 할례를 받은 여성이 삽입 성교를 하는 데에는 몇 주가 걸리는 경우도 있다. 결혼식 날 삽입을 실패한 경우 신랑은 간혹 산파를 부르거나 자신이 직접 칼로 절제하기도 한다(드렌스, 2007: 288). 그러나 남성들에게 '삽입' 성공은 남성성을 판단하는 기준이 되기 때문에 산파를 부르는 일은 비공개적으로 행해진다. 그 과정에서 여성의 목숨은 또다시 위협을 받게 된다.

여성을 죽음으로 몰아넣는 할례, 왜 근절되지 못하는가

여성을 죽음으로 몰아넣는 할례, 왜 근절되지 못하는 걸까? 가장 큰 이유는 여성의 성 억압을 통한 사회질서의 유지이다. 가부장 문화 관점에서 여성의 성적 욕구는 어떠한 방법으로든 통제되거나 종속되지 않으면 치명적인 위협이 될 수 있다. 여성이 자신의 생식능력을 남성 중심의 권력 구조에 치명적인 무기로 활용할 수 있기 때문이다. 그러므로 여성의 섹슈얼리티는 항상 남성(결혼 전에는 아버지, 결혼 후에는 남편)에 의해 통제되어야 했다. 이는 특히 상속 문제에서 큰 쟁점이 된다. 결혼한 여성이 외간 남자와의 사이에서 남몰래 아이를 낳을 경우 그 아이는 남성의 혈통을 흐리게 된다. 이는 동시에 재산의 분배와 권력 형성 면에서도 새로운 문제를 야기할 수 있다. 따라서 — 후술하겠으나 — 이혼 여성의 재혼은 임신 유무를 판단할 수 있도록 이혼 후 3개월까지 미뤄져야 했다. 여성의 성을 통제하는 이러한 정치적·경제적인 이유는 가부장 사회에서 종교와 도덕이라는 이름으로 포장되었고, 또 법제도로 더욱 공고히 유지되었다.

할례가 근절되지 않는 두 번째 이유는 — 앞서 언급한 것처럼 — 할례를 통한 여성의 성기 훼손과 성적 욕구의 감소에 있다. 그도 그럴 것이 할례를 당한 아이는 할례에 대한 깊은 상처를 받고 때로는 정신적 트라우마까지 겪으며, 성에 대한 거부감과 두려움을 느낀다고 한다. 결국 성에 대한 정신적 그리고 육체적 충격을 줌으로써 여아를 성불구로 만드는 것이다. 즉, 성에 대한 욕구를 근절하여 사회질서를 유지하는 것이다. 불행히도 여성은 할례시술 과정 또는 회복 과정에서 치명적인 상처를 입기도 한다. 음핵 낭종, 음순 유착, 요로 감염, 신장 기능 장애, 불임, 성감의 상실 등이 할례의 부작용으로 보고되고 있다. 최근 할례의 위험성에 대한 교육과 홍보 결과 사람들이 할례의 부정적인 면을 인식하기 시작했다. 그럼에도 불구하고 아프리카의 많은 가정에서 여전히 자녀에게 할례를 시술하고 있다.

할례가 근절되지 못하는 마지막 이유는 할례가 성행하는 지역에서는 할례를 긍정적으로 보기 때문이다. 골래허는 할례에 대한 지역민들의 인식을 다음과 같이 설명한다. 첫째, 할례는 성인이 되었음을 보여주는 통과의례이다. 즉, 할례를 통해 소녀는 여성으로 성장하게 되며, 이는 지역사회에 홍보된다. 둘째, 할례가 여성의 처녀성과 순결을 알리는 수단이 되었기 때문에, 여성은 할례를 통해 자신의 사회적 지위를 향상시키고 공고히 할 수 있다. 할례를 통해 성감이 줄어든 소녀는 자위와 같은 음탕한 행위를 하지 않을 것이며, 성적 유혹에도 얽매이지 않을 것이라 믿는다. 또한 결혼생활은 욕망이 아닌 애정으로 완성될 것이며, 더욱 안정적일 것이라 확신한다. 셋째, 성기에 가해지는 극심한 고통을 이겨내는 용기를 타인에게 보여줌으로써 사회에서 성숙함을 인정받을 수 있다. 또한 고통을 인내하고 사회규범에 순종함으로써 지역사회의 일원으로 받아들여진다. 넷째, 할례 의식은 즐거운 축제로 간주된다. 소녀는 주목의 대상이 되고, 선물을 받으며 어른들의 도덕적 가르침을 얻는다. 다섯째, 여성들은 할례라는 공통된 경험을 통해 세대 간 유대를 강화한다(골래허, 2004: 345). 이러한 이유 때문에 할례는 대물림되는 경향이 있다. 유니세프에 의하면 엄마가 할례를 받은 경우 자녀에게 할례를 시키는 경향이 더 강하다. 지역사회에서 할례가 세대와 세대를 연결하고 구성원 간 소속감을 높이기 위한 목적에서 행해짐을 알 수 있다(UNICEF, 2013: 28). 특히 수단에서 할례는 '정상인'을 상징한다. 수단은 매우 어린 소녀, 정신지체자, 창녀의 딸들은 할례를 시술하지 않기 때문이다(드렌스, 2007: 289). 이 때문에 할례를 받지 않은 여성은 처녀성을 의심받거나 부족으로부터 배척당하게 된다. 다행히도 최근에는 할례를 근절해야 할 악습으로 보고 있다는 점에서 향후 할례 악습은 줄어들 수도 있을 것 같다.

할례 문화의 근절을 위한 국제사회의 움직임

할례가 인권 문제로서 국제사회의 관심을 받는 이유는 할례로 인해 종종 여성의 목숨이 위험해지기 때문이다. 아프리카에서 할례 시술은 외과 전문의에 의해 행해지지 않는다. 유니세프의 자료에 따르면 할례는 이집트를 제외한 아프리카 대부분의 국가에서 비전문가에 의해 시행되고 있다. 주로 다야Daayah'로 불리는 산파에 의해 시술되는데 다야는 여성의 성기에 깊은 상처를 만들수록 효과적인 할례로 여긴다. 그래서 다야에게 할례 시술을 받은 여성들은 깊은 상처로 인한 과다 출혈, 염증, 그리고 소변 장애 등의 제2차 감염으로 고통받으며, 심지어 생명까지 위태로워진다.

골래허에 의하면 신체의 일부를 훼손하는 할례에 대한 국제사회의 공방은 1990년대 후반부터 시작되었다(골래허, 2004). 당시 국제적 명성을 누리던 패션모델 와리스 디리Waris Dirie는 할례 의식으로 지워지지 않은 상처를 입었다고 밝힌 바 있다. 그녀는 소말리아 여성의 할례에 대한 회고담인 『

영화 〈데저트 플라워〉의 포스터
© Sherry Hormann

사막의 꽃Desert Flower』(1998)을 편찬하면서 자신의 아픈 경험을 세상에 공개했다. 이 책은 유럽 지역의 베스트셀러가 되었으며, 2009년에 셰리 호만Sherry Hormann 감독에 의해 영화로 만들어졌다. 이후 그녀의 이야기는 아프리카 지역에서 행해지는 할례에 대한 경각심을 일깨웠으며, 2012년에 유엔 총회에서 여성 할례가 '인권 침해'로 규정되었다.

여성 할례가 비인간적인 방식으로 진행되면서 오늘날 국제사회에서는 할례를 퇴치하고자 하는 움직임도 늘고 있다. 우선 할례 풍습을 근절하기 위해 지난 2014년 반기문 사무총장이 글로벌 캠페인을 발족한 바 있다(*Middle East Online*, 2014년 10월 30일 자). 또한 '할례Circumcision' 대신 '훼손Mutilation'이라는 단어를 사용함으로서 할례의 부정적인 면을 극대화하고 있다. 국제사회에서는 여성 할례를 지칭하는 용어로 'FGMFemale Genital Mutilation' 즉 '여성 성기 훼손'이라는 용어를 사용한다. 또한 시술의 부작용을 교육을 통해 널리 홍보하고 있다. 이와 동시에 지역 전통문화의 유지 차원에서 부득이하게 할례를 시행해야 할 경우 '할례의 의료화'를 권고한다. 즉, 비전문가보다 전문 의료인에게 수술을 받도록 유도하고 있다. 그러나 이는 여성의 목숨이 위태로워지는 상황을 막기 위한 극약 처방에 불과하다. 한편 드렌스는 할례와 에이즈의 상관관계를 함께 소개하고 있다. 그에 의하면 성기 훼손을 당한 여성들은 오르가즘을 느끼기 위한 방편으로 항문 성교를 행하며, 그 결과로 아프리카에 에이즈가 만연하다는 것이다(드렌스, 2007: 289). 결론적으로 할례는 이슬람의 종교관에서 유래한 관습이 아니다. 다만 이슬람이 넓게 분포되어 있는 아프리카와 중동의 일부 지역에서 부족의 이름으로, 그리고 전통의 이름으로 수천 년 동안 자행되어온 반인권적 성기 훼손 행위일 뿐이다. 이런 이유에서 할례 문화 근절에 대한 국제사회의 적극적인 개입이 필요한 것이다.

꿰매진 장미(2007년 국제사면위원회 (Amnesty International)의 여성 할례에 대한 인식을 높이기 위한 포스터)
© Amnesty International

03

여성의 처녀막에 대한 이슬람 사회의 집착,
그 대가는 무엇인가

처녀성에 대해 아랍 여성이 전하는 그 첫 번째 이야기,

나왈 알 사으다위의 회상

나왈 알 사으다위는 이슬람 사회에서 여성은 태어나는 순간부터 차별을 경험하게 된다고 말한다. 그리고 이는 여성을 바라보는 사회의 차가운 시선과 표정 속에 녹아 있다고 전한다. 여성에게는 평생 동안 지켜야 할 임무가 있는데 그것은 바로 처녀막 보호이다. 처녀막은 여성의 순결을 세상에 말해줄 유일한 증거이기 때문이다. 처녀막 파열과 함께 동반되는 출혈은 그 누구도 반박할 수 없는 여성의 가치를 입증한다. 만일 여성이 혈흔으로서 자신의 순결을 입증하지 못한다면 그 여성은 이혼을 당할 수 있다. 가족에게 불명예를 안긴 그 여성은 극단적인 경우 명예 살인의 희생자가 될 수도 있다. 나왈 알 사으다위는 의사 시절 자신을 찾아온 한 부부를 다음과 같이 회고한다. 16세 어린 신부의 배가 자꾸 불러오자 남편은 그녀의 임신 여부를 확인하고 싶어 했다. 그러나 검사 결과 그녀의 복부 팽만은 임신 때문이 아니라 몸 안으로 쌓인 생리혈 때문이었다. 간단한 시술로 처녀막은 파열되고 생리혈도 몸 밖으로 배출되었다. 그러나 그녀는 남편의 비난을 감내해야 했다. 그녀는 회고록에 다음과 같이 말했다.

> 만일 이 일이 결혼 전에 일어났다면 그녀는 분명히 누군가의 손에 죽음을 맞이했을 것이다. 그녀의 부른 배만 보고 혼전 임신에 대한 오해를 불러일으켰을 것이기 때문이다(El-Saadawi, 1980: 25~26).

처녀성에 대해 아랍 여성이 전하는 그 두 번째 이야기, 영화 〈카라멜〉에서

2007년 레바논 여성 감독 나딘 라바키Nadine Labaki가 주연한 영화 〈카라멜 Caramel〉은 미용실에서 일하는 네 명의 여성 이야기이다. 레얄은 유부남과 사랑에 빠져 허우적거린다. 개방적인 나스린은 약혼자와 결혼을 준비하는 과정에서 정숙한 여성에 대한 이슬람 사회의 요구에 갈등을 경험한다. 그리고 리마는 긴 머리가 매력적인 손님에게 미묘하고 야릇한 동성애를 느끼고, 중년의 아줌마 자말은 나이와 함께 사그라지는 자신의 여성성이 한탄스럽다.

감독은 아랍에서 여성으로 살아가는 사람들의 일상을 섬세하게 묘사한다. 그러나 한 단계 더 안으로 들어가 보면 이 영화는 아랍에서 금기시되는 성 문제를 각기 다른 여성의 일상을 통해 다루고 있다. 상류층 유부남과 사

영화 〈카라멜〉의 포스터
© Nadine Labaki

랑에 빠진 레얄은 오로지 결혼이라는 사회적 제도 안에서만 남녀 관계를 공식적으로 그리고 합법적으로 인정받는 이슬람 사회에서 유령 같은 자신의 존재를 목격하며 자존감에 상처를 입는다. 만날 때마다 차 안에서 남녀 관계를 치르던 레얄은 어느 날 유부남 남자 친구의 생일을 축하해주기 위해 둘만의 번듯한 공간을 마련하려 한다. 그러나 그 노력은 호텔 직원의 결혼증명서 요구에 번번이 좌절당해버린다. 여기저기 호텔방을 구하기 위해 전전하던 그녀는 겨우 낡고 허름한 모텔방 한 칸을 어렵게 빌릴 수 있었다. 싸구려 모텔 방을 열심히 청소한 후 레얄은 '하비브(사랑을 의미하는 '훕'에서 파생된 단어로 사랑하는 사람을 의미)'가 오기만을 밤새도록 기다리며 휴대전화만 부여잡고 있다. 그러나 레얄의 기대와는 달리 그는 가족과의 생일파티로 결국 오지 않는다. 그리고 레얄과 유부남과의 밀회도 그렇게 끝나버린다.

결혼 준비에 한창 들떠 있어야 할 신부 나스린은 결혼이 그렇게 즐겁지만은 않다. 보수적인 무슬림 집안과 결혼할 그녀는 자신이 처녀성을 상실한 것을 신랑에게 들킬까 봐 전전긍긍하기 때문이다. 친구들에게 어렵게 그 사실을 고백한 나스린은 그녀의 순결을 되돌리기 위한 결단을 내리게 된다. 그녀의 선택은 '의학의 힘'을 빌려 처녀성을 회복하는 처녀막 재생 수술이다. 친구들을 병원까지 동반한 나스린은 자신의 정체가 탄로 날까 봐 외국인 행세를 하며 '무사히' 처녀로 다시 돌아왔고 결혼식도 치르게 된다.

중성적인 매력의 소유자인 보조 미용사 리마는 우연히 자신의 미용실에 들른 긴 머리 여자 손님에게 묘한 감정을 느낀다. 그 손님 또한 리마에게 매력을 느낀다. 그리고 그 여자 손님은 매일 리마의 미용실에 찾아와 자신의 머리를 맡긴다. 비록 머리를 감기고 말리는 단순한 일에 지나지 않지만 그들은 이슬람에서 금기시되는 동성의 매력에 은밀하게 빠져든다. 그리고 중년의 아줌마 자말은 자신의 여성성을 지키기 위해 안간힘을 쓴다. 운동도 열심히 하고 미용실도 다니면서 자신의 몸을 가꾸는 데 많은 노력을 기울인다. 그러나 세월과 함께 꺼져가는 자신의 여성성을 붙잡아두기에 이러한 발버둥은 역부족이다. 중년의 여성에게 찾아오는 완경의 설움을 받아들이지 못한 채 의도적으로 여성의 상징인 월경의 흔적을 여기저기 묻히며 자신의 존재감을 알리고 싶어 한다.

처녀막 집착에 대한 대가, 거짓 명예와 위선적인 처녀막

처녀성은 여성에게만 적용되는 도덕성의 잣대이다. 그리고 여성의 처녀성은 아랍 이슬람 사회에서는 목숨과 같은 것이다. 처녀성은 여성의 존재 그 자체이기 때문이다. 그래서 이슬람 사회에서 처녀막을 잃은 여성은 신체적·도덕적 죽음을 당하며 사회의 써늘한 시선을 맞이할 운명에 처하게 된다. 나왈 알 사으다위가 회고록에서 언급한 것처럼 신부의 순결과 처녀성을 판단하는 가장 확실한 증거는 바로 첫날밤 부부의 삽입 의식을 통해 확인되는 혈혼이다.

첫날밤 여성이 흘린 피에 대한 문화적 강박관념은 ― 지금은 사라졌으나 ― 이집트나 모로코 시골 마을의 전통적인 합방 의식을 통해 알 수 있다. 이집트에서는 '다야'로 불리는 산파가 결혼식 날 피비린내 나는 의식을 수행한다. 결혼식 첫날밤 다야의 임무는 신부의 처녀막과 질 벽을 할퀴어 피를 흘리게 하는 것이다. 다야는 더 많은 피를 내기 위해 손톱 하나를 항상 길고 날카롭게 길러둔다. 흰 이불에 신부의 피가 묻으면 아버지는 그것을 사람들에게 보여주며 딸의 순결을 대중에게 공표한다(드렌스, 2007: 109). 현재는 이집트와 모로코에서도 이런 방식으로 신부의 처녀성을 공표하지는 않는다. 그런데 처녀막 확인 과정과 관련된 이 전통은 여성의 처녀성과 혈흔에 대한 이슬람 문화권의 집단적 강박관념을 보여준다. 결혼 첫날밤 신부의 처녀성이 의심받을 경우 그 여성은 남편으로부터 버림을 받거나 가족에 의해 살해되기도 한다. 이슬람 문화권에서 처녀성을 입증하지 못해 가문의 명예가 실추된 경우 명예가 회복되는 길은 오로지 여성의 죽음뿐이라고 믿기 때문이다. 그래서 처녀성을 상실한 여성은 살기 위해, 그리고 자신으로 인해 가족의 명예가 실추되지 않도록 속임수를 쓰기도 한다.

전통적으로 여성들은 처녀성을 위장하기 위해 동물의 피를 사용하거나 웨딩 가운에 바늘을 숨겨 살에서 피를 내기도 했고, 다야를 통해 미리 준비된 거짓 피로 신부의 순결을 위장하기도 했다. 그런데 요즘은 영화 〈카라멜〉에서 볼 수 있는 것처럼 단 30분이면 간단한 시술을 통해 자신의 명예를 다시 회복할 수 있다. 즉, 여성은 의학의 힘으로, 그리고 경제력으로 자신의 명예를 사게 된 것이다. 이와 같은 처녀막 재생 수술은 처녀막을 숭배하며 명예를 왜곡된 방식으로 지키려는 가부장 사회의 단면을 보여준다. 수술의 방식은 여성 성기의 일부를 꿰매거나 혈액의 대용품을 담은 젤라틴 캡슐을 여성의 질에 삽입해 성관계 시 터지게 하는 것이다. 첫날밤 신랑은 신부의 혈흔으로 그녀의 처녀성을 믿게 된다. 그런데 여기에는 부유한 여성은 돈으로 명예를 살 수 있지만 가난한 여성은 사회적 비난과 명예 실추를 감당해야 하는 모순이 있다.

아랍과 유럽 지역의 처녀막 재생 수술의 행태

처녀막 재생 수술과 관련해 비앙카 반 몰스트Bianca Van Moorst 등은 이 시술이 종교적인 것이 아니라 문화적인 것이라 주장한다. 그들에 의하면 결혼식 날 피로써 여성의 순결을 입증하는 관습은 이슬람의 종교적 교리와는 상관없다는 것이다. 코란에서는 처녀와 결혼할 것을 권장하고 있다. 그러나 여성의 처녀성을 입증하는 피에 대한 언급은 그 어디에도 없다. 또한 사도 무함마드 자신도 처녀 결혼은 단 한 번만 했을 뿐이다. 오히려 그들은 피로 여성의 처녀성을 입증하는 것의 기원을 기독교에서 찾는다. 성경의 신명기 22장에 의하면 피로써 처녀성을 증명할 것이라는 내용이 언급되기 때문이다(Van Moorst et al., 2012: 94). 그러나 그들이 연구에 의하면 첫 관계 시 여성의 40~50%만이 혈흔을 남길 수 있다고 한다. 즉, 여성의 반만이 축복받은 대상에 속하는 것이다.

세계화가 진행되면서 무슬림 이민자도 꾸준히 늘고 있다. 그 결과 처녀막 재생 수술은 아랍 이슬람 지역에만 국한된 것이 아니라 북미나 유럽과 같은 서구 지역에서도 증가하고 있다. 서구에 거주하는 무슬림 여성 사이에 시술이 증가하는 가장 큰 원인은 문화 충돌 때문이다. 무슬림 여성들은 성에 대해 자유롭고 개방적인 이민자 수용 사회와 고국의 보수적인 종교 문화의 충돌을 겪고 있다(*New York Times*, 2008년 6월 11일 자). 몇 년 전만 해도 무슬림 여성은 수술보다는 주로 처녀성을 인정하는 증명서를 발급받았다. 그러나 이제 수술을 받는 경우가 더 많아졌다고 한다. 처녀막 재생 수술은 수술의 성격상 비밀리에 행해지고, 보험 적용도 되지 않기 때문에 그와 관련된 정확한 통계는 없다. 다만 영국의 국민 건강 보험인 NHS National Health Service에 의하면 2005년과 2009년 사이에 116건의 처녀막 재생 수술이 있었으며, 이는 세 배 정도 증가한 것으로 추정될 뿐이다. 물가가 비싼 영국의 경우 수술 비용이 다른 국가에 비해 비싸다. 처녀막 재생 수술에 드는 비용은 약 1800(약 300만 원)파운드에서 4000파운드(약 650만 원) 사이를 오르내리고 있다(*Mail Online*, 2010년 7월 30일 자). 반면 아랍 지역에서는 300달러 수준으로 유럽에 비해 훨씬 저렴하다. 그래서 일부 여성들은 수술비를 절약하기 위해 튀니지나 이집트로 여행하는 경우도 종종 있다(*Time*, 2008년 7월 13일 자). 튀니지의 경우 저렴한 비용에 관광까지 즐길 수 있는 의료관광 패키지 상품까지 광고되고 있다고 한다.

처녀막 재생 수술에 대한 이슬람의 입장

그렇다면 처녀막 재생 수술에 대한 이슬람교의 입장은 어떨까? 여성이 금기의 문화코드가 된 이슬람 문화권에서 처녀막 재생 수술에 대한 공론화가 처음으로 제기된 것은 1987년이다. 당시 쿠웨이트에서는 의학에 대한 이슬람 기구Islamic Organization of Medical Science: IOMS라는 대회가 개최되었다. 이 대회에서 이집트 출신의 의사 카말 파흐미가 처녀막 재생 수술과 관련된 발제를 하면서 여성의 처녀막 재생 수술과 관련된 문제가 공론화되기 시작했다(Bentlage and Eich, 2007). 그런데 처녀막 재생 수술에 대한 사회적 의견은 분분하다. 여기에는 수술을 받은 여성 당사자뿐 아니라 수술을 집도한 의사들의 윤리성, 처녀막을 상실한 여성에게 가해지는 명예 살인과 인권 문제, 그리고 이슬람법의 해석을 포함해 여러 가지 논쟁들이 얽혀 있기 때문이다.

처녀막 재생 수술에 대한 법학자들의 찬반 의견은 다음의 두 가지로 정리된다. 우선 처녀막 재생 수술을 반대하는 학자들은 다음의 이유를 들고 있다. 첫째, 한 남성과 성관계를 맺어 임신한 여성이 또 다른 남성과 관계를 가졌을 경우 태어나는 아이의 혈통을 애매모호하게 만들 수 있다. 둘째, 남편이 아닌 다른 남성에게 자신의 은밀한 곳을 보임으로써 죄를 범하게 된다. 셋째, 처녀막 재생 수술은 여성의 간음을 용이하게 만든다. 불건전한 관계를 맺은 여성들이 재생 수술에 의존할 가능성이 크기 때문이다. 넷째, 처녀막 재생 수술은 상대를 기만하는 행동으로 이는 이슬람에서는 금기하는 것이다. 그러나 이와는 달리 처녀막 재생 수술에 대해 좀 더 관대한 입장을 보이는 학자들도 있다. 이들은 만일 도덕성과 관련된 것이 아니라 실수로 처녀성을 훼손당했을 경우 상대의 의심을 풀기 위해 시술을 할 수도 있다는 의견을 내고 있다. 또한 이들은 여성의 삶과 미래에 대한 보호 차원에서 처녀막 재생 수술을 긍정적으로 인식한다. 처녀성을 훼손당한 여성이 아무런 대책 없이 결혼을 할 경우 명예 살인을 당할 수 있기 때문이다. 유엔 인구활동기금UNPFA에 의하면 매년 5000여 명의 여성이 명예 살인을 당한 다고 보고되고 있다(엄익란, 2007: 204~205). 이와 같이 특별한 상황에서 여 성의 처녀막 재생 수술을 지지하는 대표적인 사람은 사우디아라비아의 저 명한 이맘 셰이크 살만 알 우다가 있다. 그는 사우디아라비아의 위성채널 인 MBC 채널의 〈하자르 알 자위야Hajar Al Zawiya〉라는 프로그램을 통해 특 정 상황에서 여성의 처녀막 재생 수술을 허용하는 법 해석을 내린 바 있다. 그러나 이는 보수적인 사우디아라비아 사회에서 논쟁거리가 되기도 했다. 이와 관련해 국제 이슬람 학자 연합회World Islamic Scholars Federation의 부회 장이자 모리타니아 전 법무부 장관인 셰이크 압둘라 빈 바야는 일정한 조건 하의 처녀막 재생 수술은 허용하되 시술 전에 신중히 생각할 것과 미래의 남편에게 이를 알릴 것을 권고하고 있다(*Gulf News*, 2009년 11월 6일 자). 즉, 처녀막 재생 수술을 지지하는 이들은 선의의 여성 피해자를 구제하는 목적 으로만 이를 허용하며 동시에 처녀성을 과도하게 집착하는 사회의 억압과 위선에 경고의 메시지를 보내고 있음을 알 수 있다.

처녀막 재생 수술의 사례가 보여주는 것처럼 과거나 지금이나 아랍 이슬 람 문화권에서는 여성의 처녀성에 대한 사회적 억압과 강박관념이 맹목적 인 숭배의 수준까지 이르렀다. 어찌 보면 섹슈얼리티에 대한 이슬람 사회 의 이중 잣대, 그리고 순결에 대한 사회의 억압과 강박관념이 남성과 여성 간 불신을 양산하는 근본 원인으로 작용하고 있는 것이다.

04

명예라는 이름의 살인,
과연 정당화될 수 있는가

영화 소라야 M.의 〈더 스토닝〉

이란의 한 작은 마을. 자흐라는 자동차 고장으로 인해 잠시 가던 길을 멈춘 프랑스 저널리스트를 붙잡는다. "당신이 꼭 들어야 할 사실이 있다"고 운을 뗀 그녀는 자신의 조카 소라야에게 일어났던 끔찍한 일을 이방인에게 알리려 한다. 마을 사람들의 눈을 피해 프랑스 신문기자를 몰래 만난 자흐라는 조카가 투석형投石刑을 당한 일을 고발한다. 소라야는 14세의 어린 신부와 계약 결혼을 맺고 싶어 했던 남편 알리의 음모로 간통이라는 모함을 받게 되었다. 알리에게 약점을 잡힌 마을 사람들은 알리와 한 편이 되어 그의 음모에 가담한다. 결국 자신의 무죄를 입증하지 못한 소라야는 마을 사람들이 던진 돌멩이에 의해 잔인하게 처형된다. 마을 사람들은 시간이 흐르면 이 일이 세상으로부터 덮일 것이라 여겼다. 그러나 자흐라는 그녀의 목소리를 고스란히 녹음해 이 사실을 세상에 알렸다. 이후 간통죄라는 누

영화 〈더 스토닝〉의 포스터
© Cyrus Nowrasteh

명을 쓰고 억울하게 투석형에 처해졌던 한 여성의 불행했던 인생은 책과 영화로 알려졌다.

영화 〈더 스토닝The Stoning Of Soraya M.〉은 1986년 이란에서 있었던 실화를 바탕으로 한 것이다. 투석형은 죄를 지은 사람에게 집단이 징벌하는 제도이다. 투석형은 2015년 현재 아랍에미리트, 이란, 이라크, 카타르, 모리타니, 사우디아라비아, 소말리아, 수단, 예맨, 파키스탄, 아프가니스탄, 방글라데시와 인도네시아를 포함해 중동과 중앙아시아, 그리고 일부 동남아시아 지역에서 행해지고 있다. 특히 강간과 같은 사건을 공개적인 투석형으로 다스리는 이유는 성 질서를 어지럽힌 대가가 무엇인지 대중에게 경고하는 메시지가 강하기 때문이다. 종교 전문 리서치 기관인 퓨 포럼The Pew Forum의 보고서 「세계의 무슬림: 종교, 정치, 사회The World's Muslims: Religion, Politics and Society」(2013)에 의하면 무슬림은 간통을 투석형으로 다스리는 것을 지지하는 것으로 나타났다.

이는 강간의 형벌에 대한 하디스의 규정과도 관련된다. 사도의 아내와 관련된 이야기를 엮은 타맘 칸Tamam Kahn은 사도 무함마드가 사망한 뒤 12년이 지난해에 메디나에서 제3대 칼리파 오마르가 한 연설에서 이슬람교와 투석형의 연결 고리를 찾고 있다. 오마르는 이 연설에서 코란에는 부도덕

그림 4-1 **한 눈으로 보는 명예 살인**

명예 살인은 가족에 의해 계획되거나, 사회의 유명인사에 의해 행해지기도 한다.
살인에 대한 보고는 종종 누락된다. 고문이나 학대도 명예 살인에 포함된다.

중매결혼에
반대를 표명한 경우

간통을 한 경우

남편에게
이혼을 요구한 경우

성폭행의
피해자가 된 경우

여성이
가족의 명예를 실추했다고
인식되는 경우

이 모든 경우가 명예 살인의 도화선이 된다.

명예 살인을 당하는 여성의 평균연령은
15~25세 사이

UN에 보고되는 명예 살인 사례
매해 약 5000건

자료: 필자 정리.

04 명예라는 이름의 살인, 과연 정당화될 수 있는가

한 일을 저지른 여성을 투석형으로 다스리라는 계시가 있다고 설교했다. 이후 투석형에 대한 오마르의 연설은 정당화되었으며, 이 전통은 오늘날까지도 내려오고 있다(Kahn, 2010: 13). 공개적인 투석형이든 비공개적인 명예 살인이든 이러한 형벌의 특징은 주로 집안의 남성에 의해 여성에게만 행해진다는 점이다. 명예 살인은, 여성이 성폭행을 당했을 때, 자녀가 중매결혼을 거부할 때, 아내가 이혼을 요구할 때 주로 이루어진다. 오늘날에는 서구로 이주하는 무슬림이 증가하면서 서구에서도 명예 살인 사례가 종종 보고되고 있다.

명예 살인의 원인과 이슬람 사회의 성에 대한 이분법적 잣대

그렇다면 이슬람 지역에서 주로 행해지는 명예 살인의 문화적 배경은 어디에서 찾아볼 수 있을까? 모든 사회에는 그 사회의 구성원에게 기대되는 이상적인 성성과 성 역할이 있다. 이슬람 문화권에서 이상적인 행동 규범으로 제시하는 가장 중요한 가치는 '샤라프sharaf'라고 불리는 명예의 개념이다. 줄리안 피트 리버스Julian Pitt-Rivers에 따르면 명예란 개인이 자신을 평가하는 스스로의 가치를 의미할 뿐만 아니라 사회가 그를 판단하는 눈, 즉 사회의 잣대에 의해 평가된 개인의 가치를 의미한다(Pitt-Rivers, 1977). 그런데 한국 사회와 마찬가지로 이슬람 사회도 실속과 실리를 추구하기보다는 남이 하는 평가에 항상 더 많은 비중을 둔다. 즉, 명예를 중시하는 문화권인 것이다. 이 때문에 체면을 중시하는 문화가 발달했다. 그들은 이웃에게 자신에 대한 좋은 평판과 이미지를 유지하기 위해 노력하며, 명성을 지키려 안간힘을 쓴다. 아랍 이슬람 지역 명예의 속성은 집단적이라는 것이다. 이는 한 개인의 명예는 당사자뿐만 아니라 그가 속한 집단까지 영향을 미친다는 것을 의미한다. 다른 말로 하면 나의 명예롭거나 혹은 수치스러운 행동은 곧 내 가족, 그리고 더 나아가 가문 전체의 명예와 수치로 연결된다. 따라서 가족은 서로의 행동에 규제를 가하며, 공동의 책임감을 함께 느낀다. 중동 이슬람 문화권에서 사회를 구성하는 최소 단위는 개인이 아니라 가족으로 간주되기 때문이다.

이슬람 문화권의 명예 살인과 관련된 문화코드는 성성에 대한 이분법적 인식의 틀에서 이해할 수 있겠다. 이슬람 사회에서는 남성과 여성의 명예를 지칭하는 용어조차 다르다. 아랍어로 남성의 명예는 '샤라프'로, 여성의 명예는 '이르드*ird*'로 표현된다. 샤라프는 남성이 남성으로서의 의무를 지킬 때 완성된다. 가령 남성이 자신의 고귀함과 위엄을 지키며 여성들을 보호하고 용맹스러운 행동을 했을 때 그는 이웃으로부터 칭송을 받으며 명예로운 남성으로 간주된다. 반면 여성의 명예는 몸과 관련되며 여성의 행동거지와 직접적으로 관련된다. 따라서 여성의 명예는 정숙과 순결을 지킬 때 완성된다. 그러나 여성의 명예는 몸과 직접적으로 관련되기 때문에 한 번 실추되면 다시는 회복될 수 없다는 특징이 있다. 만일 결혼이란 제도 밖에서 여성이 이성과의 관계를 의심받으면 그 여성의 명예는 영원히 손상된다. 일단 여성의 명예가 손상되면 이는 다시 회복될 수 없다. 이처럼 남성과 여성에게 부여된 명예의 성격은 다르다. 남성이 적극적이며 능동적으로 명예를 획득할 수 있는 반면 여성은 소극적이며 수동적으로 이를 지키며 유

그림 4-2 **이슬람과 명예 살인**

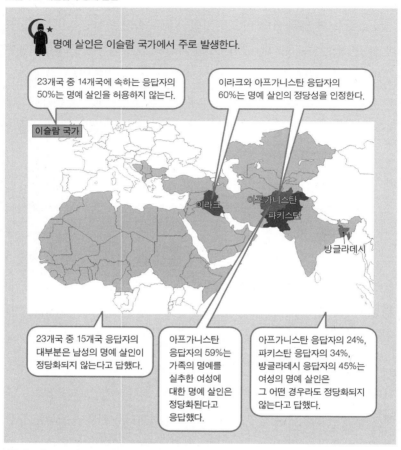

명예 살인은 이슬람 국가에서 주로 발생한다.

23개국 중 14개국에 속하는 응답자의 50%는 명예 살인을 허용하지 않는다.

이라크와 아프가니스탄 응답자의 60%는 명예 살인의 정당성을 인정한다.

이슬람 국가

이라크

아프가니스탄
파키스탄

방글라데시

23개국 중 15개국 응답자의 대부분은 남성의 명예 살인이 정당화되지 않는다고 답했다.

아프가니스탄 응답자의 59%는 가족의 명예를 실추한 여성에 대한 명예 살인은 정당화된다고 응답했다.

아프가니스탄 응답자의 24%, 파키스탄 응답자의 34%, 방글라데시 응답자의 45%는 여성의 명예 살인은 그 어떤 경우라도 정당화되지 않는다고 답했다.

자료: Pew Research Center(2012)를 참고해 필자 정리.

지한다(엄익란, 2009: 165~167).

명예와 수치에 대한 이슬람 사회의 이분법적 시각은 가부장제도의 섹슈얼리티에 대한 인식에서 그 원인을 찾을 수 있다. 가부장제도의 틀 안에서 여성의 명예 또는 수치에 대한 판단은 성성에 국한되어왔다. 앞서 언급한 것처럼 여성의 성은 남성 중심 사회에 잠재적인 위협으로 인식되었다. 따라서 중동 이슬람 문화권의 여성은 순결을 지키기 위해 노력해왔다. 그 예로 과거 무슬림 여성들은 관습과 전통에 따라 공적 공간으로부터 분리된 여성들만의 사적 공간인 하렘에 거주했다. 만일 불가피하게 외출을 해야 할 때, 즉 사적 공간을 넘어 공적 공간에 들어서는 순간부터 여성은 자신의 명예를 보호하기 위해 베일을 두르거나 보호자를 동반했다. 이를 지키지 않을 경우 도덕성을 의심받게 되며 '헤픈 여성'이라는 비난을 받는다. 불명예를 씻기 위해 일부 남성들은 자신의 아내나 딸, 그리고 여동생을 살해하기도 한다. 명예의 속성이 집단적인 아랍 이슬람 문화권에서 가문의 명예를 회복할 수 있는 길은 이를 더럽힌 여성을 죽이는 것이다. 바로 이런 이유 때문에 이슬람 사회의 명예 살인 악습은 끊이지 않고 발생하고 있다.

05

무슬림 여성의 사회적 지위,
오로지 이슬람 탓인가

공평과 평등의 관점에서 바라본 무슬림 여성

'공평'과 '평등'의 관점에서 여성의 권리와 지위는 다르게 해석된다. 전자는 남성과 여성 간 서로 다름의 차이를 인정하면서 사회 구성원으로서 권리와 의무가 공정하게 분배하는 것을 의미한다. 반면 후자는 서로 간의 차이를 인정하기보다 사회 구성원 각각을 하나의 동일한 잣대로 평가하며 똑같이 배분하는 것이다. 가령 빵 한 조각이 있다 치자. 공평의 관점에서 합리적인 분배란 배부른 'A'에게 작은 양을, 그리고 배고픈 'B'에게 많은 양을 분배하는 것이다. 반면 평등의 관점에서는 'A'와 'B'의 상태에 관계없이 같은 양의 빵을 똑같이 나눠주는 것이다. 화장실에서 남성에 비해 시간이 오래 걸리는 여성들을 고려해 여성 칸을 더 많이 설치하는 것, 남성에 비해 근육과 힘이 부족한 여성에게 병역을 면제해주는 것 등이 여기에 포함된다. 이슬람교의 남녀관은 바로 '평등'관보다는 '공평'관에 기초한다. 코란에서는 남성과 여성의 본질적인 차이를 인정하기 때문이다. 그래서 코란은 사회적으로 강자의 위치에 있는 남성에게는 여성에 대한 보호를, 반면 사회적으로 약자의 지위에 있는 여성에게는 보호의 대가로 순종을 가르친다. 이와 관련해 코란 제4장 34절에는 다음과 같이 언급되어 있다.

> 남성은 여성의 보호자라
> 이는 하나님께서 여성들보다 강한 힘을 주었기 때문이라
> 남성은 여성을 그들의 모든 수단으로써 부양하나니
> 건전한 여성은 헌신적으로 남성을 따를 것이며
> 남성이 부재 시 남편의 명예와 자신의 순결을 보호할 것이라
>
> (코란 제4장 34절)

코란에서 남녀 간 본질적인 차이와 다름을 인정하는 계시는 가부장 중심의 문화적 전통과 함께 오늘날 아랍 이슬람 국가에서는 제도로 발전했다. 즉, 남녀의 문화적 차이가 남녀 간 제도적 차별로 고착화된 것이다. 이러한 예를 가장 잘 보여주는 국가가 바로 사우디아라비아이다. 사우디아라비아에서 여성은 남성의 허락 없이 외출할 수 없다. 자국 내에서 운전도 2018년에서야 가능해졌다. 그리고 참정권도 2015년에야 부여되었다. 경제활동도 제한된 범위(가령 밤 근무가 없는 직종과 남녀가 분리된 직장에서만 근무를 허용) 내에서만 가능하다. 또한 사우디아라비아의 여성은 자신의 국적을 외국인 남편과 자녀에게 부여할 수 없으며, 오직 사우디아라비아 자국민 남성만이 외국인 아내와 자녀에게 자신의 사우디아라비아 국적을 물려줄 수 있다.

특히 시민권 부여와 관련된 불평등한 법 규정은 사우디아라비아뿐만 아니라 대부분의 아랍 국가에 존재한다. 즉, 대부분의 아랍 국가는 여성을 독립적인 주체로 인정하지 않고 있다. 이에 대한 이슬람 문화권의 뿌리는 아주 깊다.

고대 이슬람 사회의 여성관

이슬람의 도래 이전까지 약 150년 전을 '자힐리야Jahiliya' 시대라고 한다. 자힐리야는 아랍어로는 '무지' 혹은 '몽매'로 해석되며, 종교적인 관점에서 이슬람에 대해 알지 못했던 시대를 의미한다. 자힐리야 시대는 만신숭배 사상과 부족 문화가 팽배한 계급 중심의 사회였다. 따라서 당시의 관점에서는 유일신을 제창한 이슬람교의 등장, 그리고 형제애와 평등을 설파한 사도 무함마드의 연설은 어찌 보면 기득권 세력으로서는 수용할 수 없는 혁신적인 내용을 품고 있었다. 또한 기득권의 입장에서 이슬람교의 평등관은 사회적 약자였던 여성과 젊은이, 그리고 노예를 선동하는 혁명과도 같은 사건이었다. 그러나 아랍 부족에 의해 창시된 이슬람교는 많은 부분을 당시 아랍인들의 전통과 관습에 의존할 수밖에 없었다. 그래서 오늘날 이슬람의 전통과 관습 중에는 자힐리야에서 유래된 것들이 상당히 많이 존재한다. 그리고 자힐리야 시대의 여성을 바라보는 시각도 이슬람의 여성관에 상당히 많이 반영되었다.

자힐리야 시대 여성의 사회적 지위와 관련해서는, 이 시기가 부권 중심 사회였다는 의견과 이와는 반대인 모권 중심 사회였다는 상반된 의견이 존재한다. 자힐리야 시대가 부권 중심 사회라고 주장하는 사람들은 당시 만연했던 여아 살해의 관습을 예로 든다. 집안에 여아가 태어나면 아버지의 얼굴빛은 근심과 실망으로 검어지고 갓 태어난 여아는 골짜기에 버려지거나 생매장되었다. 노동력이나 군사력을 제공하는 남아에 비해 여아는 경제적 효용성이 떨어지기 때문이었다. 게다가 언제 급습할지 모를 타 부족의 공격에 전전긍긍하던 아랍 부족에게 여아는 명예의 관점에서 항상 부담스러운 존재였다. 7세기 사막의 부족 문화와 여성의 경제적 효용성에 대해 나왈 알 사으다위는 다음과 같이 설명한다.

> 척박한 사막 환경에서 살아남는 방법은 부족원의 입을 줄이는 것이다. 당시 유아 살해는 범죄도 아니었고 비도덕적인 문제도 아니었다. 사막에서 살아가는 사람들에게 모성애와 부성애는 사치였다. 여성의 자궁은 경제적인 이익에 부합될 때만 존중받는다(El-Saadawi, 1980: 63).

이처럼 자힐리야 시대에 여아 살해 풍습은 만연했으며, 이를 금지시킨 것이 이슬람교의 공헌이다. 여아 살해 금지에 대해 코란 제16장 58절과 59절에는 다음과 같이 언급되어 있다.

> 그들 가운데 한 사람이
> 여아가 탄생했다는 소식을 들었을 때
> 그의 얼굴이 검어지며

슬픔으로 가득 차더라

(코란 제16장 58절)

그에게 전해온 나쁜 소식으로

그는 수치스러워

사람들로부터

자신을 숨기며

그 치욕을 참을 것인가 아니면

흙 속에 묻어버릴 것인가 생각하였나니

그들이 판단한 것에 불행이 있으리라

(코란 제16장 59절)

　여아가 아버지의 은혜로 살아남는다 하더라도 여성의 사회적 지위는 온전한 인간으로 간주되지 않았다. 이슬람 지역에 만연한 여성 혐오 문화의 뿌리를 파헤친 레일라 아흐메드Leila Ahmed에 의하면 이슬람 도래 이전 자힐리야 시대 아랍 여성의 지위는 낮았으며, 이는 주변 메소포타미아와 지중해 문화권의 남성 중심 문화로부터 영향을 받은 것이라고 설명한다. 그녀에 따르면 이슬람 도래 이전 여성은 '반은 사람, 반은 물건'으로 인식되어 남성의 재산으로 취급되었다고 한다. 여성은 결혼 전에는 아버지에게 귀속되었고, 결혼 후에는 남편에게 귀속되었다. 그리고 이혼이나 사별로 결혼 관계가 와해된 경우 여성은 자신의 부족으로 다시 되돌아왔다. 결국 아랍 사회에서 여성은 경제적으로나 사회적으로 독립할 수 없었던 존재였던 것이다. 이는 당시 만연했던 여성 비하 문화에서 기원한다. 이에 대한 증거로 고대 이 지역을 지배했던 함무라비 왕이 제정한 함무라비 법전(대략 B.C. 1752년)에는 여성에 대한 폭력暴力을 3년간 금하고 있다. 그러나 이후 등장한 아시리아 법(대략 1200년)은 여성 폭력에 대한 금지법을 없애고 오히려 이를 허용한다. 또한 이혼에 대해서는 남성에게 훨씬 유리하게 적용하고 있다. 아시리아 법은 법적으로 강력한 가부장제를 지지했다. 남편에게 복종하지 않는 여성에게는 벽돌을 물린 뒤 때렸으며, 아버지는 자신에게 불복종하는 자녀의 손을 자를 수도 있었다. 그리고 아버지는 빚 청산을 위해 아내나 자녀를 저당 잡히거나 매매할 수 있었다. 또한 여성의 발언은 법적 효력이 없었다(Ahmed, 1992: 13).

아흐메드는 메소포타미아 지역과 달리 북아프리카에 위치한 이집트 여성의 지위는 상당히 높았다고 소개하고 있다. 고대 이집트에서 여성에 대한 부정적인 인식은 찾아볼 수 없었으며 남녀평등이 젠더 이데올로기의 기본 전제였다. 예컨대 여성에게는 소유권과 재산을 처분할 수 있는 권리가 주어졌다. 여성은 자신의 재산을 매매하거나 양도 또는 상속할 수 있었고 법정에서 증언도 가능했다. 또한 중개인 없이 모든 일 처리가 가능했으며, 남성과 여성 모두 이혼권을 행사할 수 있었다. 메소포타미아 지역 여성과 달리 이집트 여성은 베일을 쓰지 않았다. 여성들은 남성으로부터 격리되지도 않았으며, 남녀가 자유롭게 어울리며 사회활동이 가능했다고 한다. 아흐메드는 그리스가 이집트를 점령했을 당시 남녀평등 문화를 목격한 그리스인들이 충격에 빠졌다고 전하고 있다. 당시 그리스에서는 여성에 대한 부정적인 인식이 만연했는데 여성은 물건을 사고팔 수도 없었고, 시장 출입

05 무슬림 여성의 사회적 지위, 오로지 이슬람 탓인가

도 금지되었다. 여성의 몸은 불완전하다고 인식했으며, 남성에게 복종해야 할 뿐만 아니라 본질적으로 남성보다 약한 존재로 인식되었다(Ahmed, 1992: 29~32).

한편 일부 학자는 자힐리야 시대에 만연했던 여성 비하 문화와는 반대로 이슬람 도래 이전 아라비아 지역 여성의 지위는 높았다고 주장한다. 이에 대한 증거로 아라비아 지역에서 숭배받던 여신의 존재를 언급하고 있다. 일례로 메소포타미아 지역의 신전 벽화에는 여신의 형상이 조각되어 있다. 또한 사람들은 전쟁에서 승리하기 위해 여신에게 기원했다. 아랍 지역에는 이슬람교의 유일신 사상이 유입되기 이전 '알라트'라고 불리던 지모신地母神, '마나트'라고 불리던 운명의 여신, 그리고 '알 웃자'라고 불리던 — 특히 메카의 유력 부족이었던 쿠라이시Quraysh 부족이 숭배했던 아랍인들의 비너스격인 — 여신이 있었다. 이 여신들은 그리스 신화에 등장하는 여신처럼 의인화되지는 않았으나 사람들은 열렬히 그녀들을 섬겼다(암스트롱, 2001: 145~147). 여신의 존재와 함께 사도 무함마드의 첫 번째 부인인 카디자가 카라반을 운영하던 부호였다는 점, 그리고 그녀가 먼저 무함마드에게 청혼했다는 점, 당시 부족 간 전쟁에 많은 여전사가 전투에 참여했다는 점, 그리고 사도 무함마드의 가장 큰 총애를 받던 아내 아이샤가 사도를 옆에서 보필하면서 정치적 조언을 했다는 점 등을 고려했을 때 여성의 지위는 생각만큼 그렇게 낮지 않았다는 입장이다.

아흐메드는 이 지역 여성의 지위 하락 원인을 도시국가와 도시 문화의 발전으로 본다. 기원전 3500~3000년 사이 유프라테스 강과 티그리스 강을 중심으로 한 메소포타미아 지역(현재의 이라크)에 최초로 도시국가가 등장했다. 도시국가의 등장과 함께 인구가 증가했고, 경제활동을 위한 남성의 노동력과 제국을 지키기 위한 군사력이 중요해졌다. 즉, 도시국가는 남성의 힘이 필요했던 것이다. 이 과정에서 여성의 가치는 자연스럽게 하락했다. 국가를 수호하고 노동력을 제공했던 남성에 비해 여성의 역할은 성적 욕구의 충족과 후손의 재생산으로 한정되었다(Ahmed, 1992: 12). 동시에 여성의 성은 부족의 생존과 직접적으로 연계되면서 남성이 통제하게 되었고, 여성은 자신의 몸에 대한 자율권을 상실했다. 결국 이러한 과정을 거치면서 이슬람 사회의 여성의 성에 대한 규제는 고착화되고 제도화되었다.

나왈 알 사으다위 역시 이슬람 도래 이후 여성의 지위가 하락한 원인을 경제적인 관점에서 설명한다. 앞서 언급한 바와 같이 이슬람 도래 전 아라비아반도에 거주했던 수많은 부족은 각기 서로 다른 여성관을 지녔다. 어떤 부족은 모계 혈통을, 또 다른 부족은 부계 혈통을 중시했다. 모계 혈통을 중시했던 부족 출신의 여성은 결혼 후에도 자신의 부족에 남았고 남편이 아내의 부족에 들어와 거주했다고 한다. 자녀들은 모두 어머니 부족에 소속되었고 여성은 그에 상응하는 권력 행사를 할 수 있었다. 또한 재산 소유도 가능했다. 사도 무함마드의 어머니, 아미나의 경우 남편 압둘라와 결혼한 후에도 그녀의 부족에 그대로 남아 있었으며, 사도 무함마드의 아버지는 종종 아내를 만나기 위해 아내의 부족을 방문했다고 전해진다. 어머니가 사망한 뒤 사도는 어린 시절 외할아버지 부족의 보호를 받고 자랐다. 나왈 알 사으다위는 "나는 술레이만 부족의 알 아티카(여성 부족원)의 아들이다"라는 사도의 말을 인용하면서 그 역시 어머니와 연계된 혈통을 자랑스럽게 여겼다고 전했다(El-Saadawi, 1980: 126). 또한 하디스에 의하면 사도 무함마드의 외고조모 쌀라마는 고귀한 혈통을 지녔다고 전해진다. 그녀는 결혼계약에 대한 조건으로 자신에 대한 주인 의식과 이혼권을 요구했다(Khan, 2010: 10~11). 사도를 둘러싼 모계 혈통의 가족사는 사도의 여성관 형성에도 영향을 미쳤을 것으로 짐작된다.

그러나 아라비아반도는 이슬람교의 출현과 메카의 경제체제 변화로 부계 중심 사회로 전환되기 시작했다. 나왈 알 사으다위는 이슬람 도래 이후 아랍 여성의 지위 하락에 대한 원인을 당시 메카의 위상 변화에서 찾는다. 대륙을 횡단하는 무역로의 중심지에 위치한 메카는 이 지역을 지나는 무역 상들에게 통행세를 부과해 부를 축적할 수 있었다. 도시의 상업적인 성장과 함께 정주민 문화가 정착되자 쿠라이시 부족에는 공동으로 재산을 관리하던 부족 문화 대신 개인 무역상이 부를 축적하는 사유재산 문화가 등장하기 시작했다. 사람들은 이제 자신의 부를 자녀에게 상속하기 시작했으며, 그 결과 남성 중심의 부계 사회가 등장하기 시작했다(El-Saadawi, 1980: 43). 부계 사회의 강화와 함께 여성은 결혼 전에는 아버지, 그리고 결혼 후에는 남편에게 종속되는 '남성의 재산'으로 인식되었다. 따라서 여성의 정절과 순결은 도덕적인 문제뿐 아니라 경제적인 문제로도 이해되었다. 여성의 처녀성과 순결은 남성의 자산으로 간주되었으며, 처녀성의 훼손은 자산의 소멸과 동일하게 취급되었다. 처녀를 강간하는 일은 경제적인 손실을 야기했기 때문에 여성을 강간한 남성은 벌금을 물거나 그 여성과 결혼해야 했다. 이는 훗날 이슬람 율법인 샤리아Sharia의 전신이 되었다.

결국 7세기 아라비아반도에서는 여성의 지위 하락과 이슬람교의 유일신 사상 등장으로 여신의 존재도 차츰 잊혀져갔다. 그리고 여성이 자산으로 간주되면서 여성에 대한 인식도 이분법적으로 나타났다. 즉, 여성을 남성의 통제를 받는 제도권 내의 여성, 그리고 남성의 통제를 받지 않는 ─ 즉 매춘부처럼 누구에게나 자유롭게 허용된 ─ 제도권 밖의 여성으로 나뉘었다. 남성들은 제도권내의 여성, 즉 본인들에게 소속된 여성의 성을 통제하기 위해 하렘과 베일 제도를 유지했다. 이와 동시에 제도 밖의 여성은 자신의 쾌락을 충족시키는 하나의 도구로 인식했다. 이러한 배경에서 베일은 상류층 여성 혹은 자유인에게만 허용되었다. 만일 신분이 낮은 노예나 매춘부가 이를 착용했을 경우에는 태형이나 투석형, 또는 귀가 잘리는 형벌에 처해졌다. 이후 이슬람교의 정착과 함께 베일은 무슬림 여성을 상징하는 문화코드가 되었다.

06

코란,
여성의 시각으로 해석하면 어떻게 달라질까

이슬람 문화권의 여성 차별, 코란에서 기원한 것인가

세계적으로 권위 있는 퓨 리서치 센터 Pew Research Center의 2010년 보고에 의하면 전 세계 무슬림 인구수는 적게는 약 12억, 많게는 약 16억까지로 추정되고 있다. 이슬람교의 창시자 사도 무함마드가 서기 622년, 즉 히즈라 Hijra(이슬람력) 1년 약 70여 명의 무슬림을 이끌고 고향 메카를 떠나 새로운 희망의 땅인 메디나로 옮기던 해와 비교하면 1400년 후 이슬람교의 모습은 비약할 만한 발전을 했다. 현재 이슬람교도 수는 기독교 다음으로 많아 세계 제2대 종교가 되었다. 그런데 무슬림 인구의 절반을 차지하는 여성을 떠올릴 때 우리 대부분은 왠지 모르게 불편함을 느끼게 된다. 과연 이슬람교는 무슬림 여성에 대한 억압과 성에 대한 불평등을 가르치고 있는가? 이슬람교의 가장 근본적인 교리서인 코란은 남성을 옹호하고 여성을 혐오하는 가부장적 이데올로기의 결정체인가? 이슬람교가 불평등하다면 왜 이 종교는 그토록 오랜 세월 동안 수많은 추종자들을 양산했을까?

이슬람 페미니스트인 아스마 바를라스는『이슬람의 믿는 여성들: 코란의 가부장적 해석 Believing Women in Islam: Understanding Patriarchal Interpretations of the Quran』에서 이에 대한 명쾌한 해답을 제시한다. 바를라스에 의하면 이슬람 문화권의 여성 차별에 대한 원인은 코란에 있는 것이 아니다. 바를라스는 그 원인을 사도 무함마드에게 계시된 이래 여성의 해석을 차단해온 가부장 중심의 관습과 전통에서 찾는다. 오히려 남성 중심 문화가 코란 오역의 원인으로 작용하고 있다는 것이다. 그녀는 또한 이슬람의 여성 불평등에 대해 많은 사람들이 코란의 편파적인 해석을 의심하지 않고 이슬람교 자체를 비난하는 오류를 범한다고 지적하고 있다. 그녀에 의하면 이슬람의 성적 불평등과 여성 차별에 대한 시각은 코란에서 기원한 것이 아니다. 오히려 남성 종교인이나 남성 학자에 의해 해석된 부차적인 종교 텍스트인, 그러나 코란만큼 권위를 갖고 있는, 코란 해설서인 타프시르 Tafsir 와 하디스가 이슬람 역사에서 여성의 그림자를 지우고 목소리를 사장시킨 가장 큰 주범이다(Barlas, 2004).

이를 방증하듯 이슬람 역사를 보면 여성의 역할은 상당히 중요했다는 것을 알 수 있다. 가장 대표적인 예가 바로 사도의 아내 중 한 명이었던 '아이샤'이다. 아이샤는 6세에 사도와 결혼했으며 부인들 중 가장 총애받는 아내로 알려져 있다. 사도는 어린 그녀와 인형 놀이를 하는 등 많은 시간을 함께 보냈다. 그리고 세월이 흘러 그가 아이샤의 무릎에서 임종을 맞이할 때까지 아이샤는 항상 곁에서 그를 보필하며 그의 말을 경청하고 조언도 서슴지 않았다. 그래서 아이샤는 사도의 말을 기억하고 이를 후세에 전해준 가장 중요한 사람으로 여겨진다. 아이샤에 얽힌 이야기를 보면 이슬람 역사에서 여성의 존재가 컸던 것을 알 수 있다. 또한 다음의 일화를 보면 사도의 인식도 남성 편향적이 않음을 알 수 있다. 어느 날 고대 여전사인 누사이바는 사도 무함마드에게 "왜 알라는 항상 남성을 지칭하는가"라고 질문했다. 이에 사도가 '믿는 자들'에는 남성과 여성이 같이 포함된다고 언급했다고 한다(Bouhdiba, 2004: 19). 그러나 코란을 집대성하고 이를 해석한 남성 무슬림 학자들은 성에 대해 중립적인gender neutral 하나님의 말씀을 '남성' 중심의 언어로 바꾸었으며, 그 과정에서 무슬림 여성은 '타자'로 인식되면서 배제되었던 것이다.

코란, 어떻게 계시받았으며 그 내용은 무엇인가

이슬람교의 경전인 코란의 사전적 의미는 '암송'이다. 코란은 무슬림들이 가장 신성시하는 신의 언어이자 본질이며 믿음의 언어로 간주된다. 사도 무함마드가 알라로부터 계시를 받기 시작한 시점은 40세로 추정되고 있다. 아랍에서는 숫자 40을 완전한 숫자로 여기는데, 이는 당시 셈족의 관습으로 추정된다. 노아의 홍수는 40일간 지속되었고, 이집트를 탈출한 모세는 40년간을 광야에서 생활했으며, 십계명을 받기 위해 40일을 산에서 머물렀다. 또한 예수는 40일을 금식하며 광야에서 마귀들과 싸우며 기도했다. 여기에는 모두 40을 완벽하게 여기는 셈족의 전통이 자리하고 있다. 같은 맥락에서 무함마드 역시 나이 40세에 이른 610년 라마단의 열일곱 번째 날 밤

히라 동굴에서 명상 도중 알라의 계시를 받았다. 그는 알라가 보낸 천사 가브리엘로부터 '이끄라 *iqra*(읽어라 혹은 복창하라)'라는 명령을 받았다. 그러나 그는 처음부터 계시를 순순히 받아들일 수 없었다. 무함마드는 이를 신의 계시가 아닌 귀신 들린 것으로 여겼기 때문이다. 무함마드가 계시받기를 거부하자 천사는 무함마드를 더 세게 끌어안았고, 무함마드는 자신도 모르게 신의 계시를 낭송하고 있었다. 그가 처음으로 받은 계시받은 문구는 다음과 같다.

> 만물을 창조하신
> 주님의 이름으로 읽으라
> 그분은 한 방울의 정액으로
> 인간을 창조하셨노라
> 읽으라
> 주님은 가장 은혜로운 분으로
> 연필을 쓰는 것을 가르쳐주셨으며
> 인간이 알지 못하는 것도 가르쳐 주셨노라
>
> (코란 제96장 1절)

이후 자신이 귀신 들렸다고 생각한 사도는 혼란을 느꼈고 공포감과 두려움에 떨며 히라 동굴에서 나왔다. 그는 당장 집으로 돌아왔고, 오들오들 떠는 그에게 부인 카디자는 이불을 덮어주며 위로했다. 이후 무함마드는 자신이 들은 것은 귀신의 말이 아니라 알라의 계시라는 것을 깨달았고, 이슬람교를 창시하기에 이르렀다. 그리고 그가 알라로부터 계시받은 내용은 그의 사후 코란에 고스란히 기록되었다.

코란은 총 114장으로 이루어져 있다. 코란의 장 배열은 대체로 긴 장부터 짧은 장의 순서로 구성되어 있으나 엄격하게 적용되는 것은 아니다. 코란은 크게 610년에서 622년 메카에서 메디나로 이주하기 전 계시받은 메카 장과 622년에서 632년 사도 무함마드가 사망하기 전까지 계시받은 메디나 장으로 나뉜다. 메카 장은 인간의 내적 측면, 인간과 신의 관계, 그리고 최후의 심판들을 다룬 산문체로 구성되어 있다. 반면 메디나 장은 인간의 외적 측면, 이슬람 공동체인 움마ummah 내에서 사람들 간의 계약, 범죄, 유산, 상속, 결혼 등을 포함한 공동체 내 실질적인 규범, 다양한 부족 간의 관계, 그리고 행정 업무 등이 서술되어 있다. 사도 무함마드의 평전을 저술한 카렌 암스트롱Karen Armstrong은 메카 장과 메디나 장의 특징과 그 계시 내용의 변화를 사도의 지위 변화에서 찾는다. 처음 알라로부터 이슬람의 계시가 시작되었을 때 사도는 기존 부족 질서에 순응하며 살아야 했다. 이후 사도는 이슬람교에 대한 확신이 서자 사회질서 확립을 위해 평등사상과 형제애를 설파했다. 그런데 이러한 이슬람교의 개혁 정신은 기존 부족들의 이익에 반하는 내용이었다(암스트롱, 2001: 388~391). 그 결과 메카의 귀족들로부터 미움을 사게 된 사도는 지속적으로 생명의 위협을 당했다. 게다가 자신을 뒤에서 든든히 보호해주던 아내 카디자의 죽음 이후 보호자를 찾지 못한 사도는 메카를 떠나 새로운 땅 메디나로의 이주를 결단한다. 이슬람 공동체 설립이라는 목표로 622년 새로운 땅을 밟게 된 사도의 지위는 이전과는 달라졌다. 사도는 이제 종교적인 지도자일 뿐 아니라 이슬람 공동체인 움마를 이끌며 정복활동을 벌이는 행정·정치·군사 수장으로서 지위가 격상되었다. 따라서 인간 내면이나 신의 존재와 같이 추상적인 주제를 언급하던 메카 장과는 달리 메디나 장의 계시는 더욱 구체적이고 실질적인 문제해결에 대한 내용이 담겨 있다.

여성의 시각에서 뒤집어 본 이슬람교

이슬람교의 창시자 사도 무함마드가 알라로부터 받은 계시 내용이 기록된 코란은 집대성 후 오늘날까지 한 번도 바뀌지 않고 전해지고 있다. 그런데 오늘날 우리가 알고 있는 코란의 가장 큰 약점은 사도 무함마드가 계시를 받은 시점에 바로 기록되지 않았다는 것이다. 코란은 무함마드가 사망한 이후 20여 년이 지난 약 650년경 3대 칼리파인 오스만 시대에 비로소 집대성되었다. 오스만은 파피루스나 돌, 사람의 몸에 새긴 문신, 그리고 사도 무함마드 생전 그와 관계있던 사람들의 증언과 기억에 의존해 코란을 수집했다고 전해진다. 다시 말해 코란은 산발적으로 흩어져 있던 계시의 기록들을 묶어 만든 것이다.

낙타의 견갑골에 새겨진 코란 구절
© wikipedia.org

코란의 또 다른 문제점은 해석 없이는 접근이 불가능하다는 것이다. 코란은 때론 암시적으로 때론 명시적으로 산문체의 시 형태로 계시되었다. 따라서 1400년 전의 언어로, 게다가 시의 형태로 쓰인 코란 읽기란 일반인들에게 그리 쉬운 일이 아니다. 비록 코란이 시대와 장소를 초월해 이슬람 세계에 한결같이 적용되는 일률적인 틀을 제공하긴 하지만 문제는 새롭게 바뀌는 시대상에 따라 그 해석도 끊임없이 바뀐다는 것이다. 즉, 코란의 계시들은 한결같지만 그 계시에 대한 해석은 새로운 역사적 상황에 따라 다양하게 변화함을 알 수 있다. 그런데 주목해야 할 사항은 어느 시대나 코란의 해석은 주로 남성에 의해 행해졌다는 것이다. 이 과정에서 무슬림 여성들의 목소리는 삭제되었고 여성은 이슬람 역사에서 사라지게 되었다. 바를라스는 이를 바탕으로, 무슬림 여성의 지위와 역할은 가부장제도와 당시의 정치·경제 상황에 의해 결정되는 것이지 이슬람의 종교관에 의해 결정되는 것이 아니라고 주장한다. 오히려 바를라스는 남성 중심 가부장 사회의 이데올로기를 유지하는 데 이슬람이라는 종교가 이용되어왔다고 강조한다(Barlas, 2001: 32~50). 바를라스가 시도했던 여성의 관점에서 '뒤집어' 본 이슬람교와 코란의 내용에 대해 좀 더 소개하도록 하겠다.

코란 곳곳에는 하나님이 어떻게 인간을 창조했는지 그 과정이 묘사되어 있다. 그런데 코란의 교리에는 하나님, 예언자, 그리고 통치자 형상을 가부장적 아버지의 형상과 일치시키지는 않는다. 아담의 갈비뼈에서 나온 이브와 달리 코란에 묘사된 남성과 여성은 '한 몸 a single self'에서 나왔다. 그래서 남성과 여성의 본질적인 차이를 언급하지 않는다. 코란의 다음 구절을 보면 남녀가 본질적으로 다르게 창조된 것이 아니라 모두 하나의 개체(영혼 혹은 몸)에서 나왔음을 강조하고 있다(Barlas, 2002: 133~135).

실로 하나님은

혼합된 한 방울의 정액으로써

인간을 창조하사

그를 시험하기 위해서라

      (코란 제76장 2절)

사람들이여

주님을 공경하라

한 몸에서 너희를 창조하사

그로부터 배우자를 두어

그로 하여금 남녀가 풍성히 번성토록 하였노라.

너희가 너희 권리를 요구하며

하나님을 공경하고

또 너희를 낳아준 태아를 공경하라

실로 하나님은 너희를 지켜보시고 계시니라

      (코란 제4장1절)

실로 하나님은

인간을 흙으로 빚은 다음

그를 한 방울의 정액으로써

안정된 곳에 두었으며

그런 다음 그 정액을 응혈시키고

06 코란, 여성의 시각으로 해석하면 어떻게 달라질까

그 응혈로써 살을 만들고

그 살로써 뼈를 만들었으며

살로써 그 뼈를 감싸게 한 후

다른 것을 만들었나니

가장 훌륭하신 하나님께 축복이 있으소서

(코란 제23장 12~14절)

코란에서 보는 남녀에 대한 인간관은 기독교의 인간간과 사뭇 다르다. 기독교는 창조 시점부터 남성과 여성에 대한 위계질서를 인정한다. 즉, 여성은 남성의 갈비뼈에서 생산된 부차적인 존재 혹은 타자로 인식되고 있으며, 남성이 창조된 뒤에 비로소 창조되었다. 여성 창조의 목적 역시 남성의 필요에 의해서였다. 또한 하나님의 노여움을 사 낙원에서 쫓겨난 책임도 여성이 짊어져야 했다. 남성과 여성을 이분법적으로 구분해 이를 상하종속 관계로 이해하는 기독교의 남녀관과 달리 이슬람교에서는 남성과 여성이 본질적으로 같다고 인식한다. 또한 같은 맥락에서 '낮·밤, 명·암, 선·악, 남·여'를 서로 긴장과 우열 관계에 기반을 둔 이분법적 관계로 보지 않는다. 이처럼 코란의 가르침은 남성과 여성을 하나의 몸에서 나온 동등한 존재로 보고 있다. 그러나 현실에서 무슬림의 성에 대한 인식은 이분법적이며 여성은 남성과 동등한 지위를 누리지도 못한다. 그와 관련해 바를라스는 무슬림의 여성에 대한 인식은 코란의 가르침에서 기원한 것이 아니며 당시의 문화와 전통에서 기원한 관습적인 것이라고 다시 한 번 강조한다 (Barlas, 2004: 139).

바를라스는 '타프시르'라 불리는 코란 해설서와 사도 무함마드 생전 그의 언행을 기록한 하디스에서 이슬람의 여성 편력에 대한 원인을 찾는다. 그녀는 이슬람 제국의 기틀을 잡았던 우마이야 시대와 이슬람 제국의 황금기였던 압바시야 시대 남성 주석가들이 자신의 권력을 공고히 하고 안녕을 추구하기 위해 코란을 정치적 필요와 이해관계에 따라 자의적으로 해석했다고 보고 있다. 하디스는 사도가 사망하고 1세기가 지난 뒤부터 수집되기 시작해 300년 이상 계속되었다. 하디스는 신뢰성과 정확성에 따라 세 종류로 나뉜다. 첫째는 전승자에 대한 신뢰도나 내용의 역사성 때문에 믿을 만한 '사히흐 *sahiyh*', 둘째는 전승자의 기억 때문에 사히흐보다는 덜 믿을 만하지만 어느 정도 신뢰성이 있는 '하산 *hasan*', 그리고 마지막으로 내용의 통합성이나 진실성 면에서 수준이 떨어지는 '다이프 *dha'iyf*'가 있다. 내용 면으로는 무함마드의 언행을 직접 기록한 것과 무함마드 주변인들이 전하는 이야기, 그리고 사도 무함마드가 무언으로 동의한 것을 기록한 것 등이 있다. 그런데 바를라스는 하디스의 수집과 해석의 주체가 남성이었다는 점에 주목한다. 이와 함께 그녀는 당시의 시대적 상황이 여성에게 호의적이지 않았으며 그러한 역사적 배경이 코란 해석과 하디스의 선별적 선택 과정에 영향을 미쳤음을 주장한다. 이슬람교가 태동하던 당시 유대교, 기독교, 그리고 비잔틴과 페르시아 문명권, 그리고 아랍의 일부 부족에서는 상당히 여성 혐오적인 입장을 취하고 있었다. 이러한 시대적 상황으로 인해 이슬람교 본래의 의도와 달리 코란과 하디스는 전달자와 수집자, 그리고 해석자의 의도에 따라 많이 변형되었음을 알 수 있다.

07

사도 무함마드의 아내, '믿는 자들의 어머니', 그들은 누구인가

사도와 아내들

이슬람교가 탄생할 당시 아랍 여성의 지위에 대한 자료는 거의 없다. 아랍인들의 문화는 구전 문화에 기반을 두기 때문이다. 그나마 자힐리야 시대에 약간 남아 있는 시, 그리고 하디스를 중심으로 당시 여성의 삶에 대해 미약하게 추정할 수 있다. 코란에는 이슬람교의 이상적인 여성상을 제시하는 사도의 아내들과 관련된 구체적인 언급은 없기 때문에 당시 무슬림 여성의 삶은 하디스를 통해 유추가 가능하다. 이를 기반으로 타맘 칸Tamam Kahn은 『알려지지 않은 이야기: 사도 무함마드 아내들 이야기Untold Story: A History of the Wives of Prophet Muhammad』(2010)에서, 바버라 프레이어 스토와저 Barbara Freyer Stowasser는 『코란, 전통, 해석에 나타난 여성Women in the Quran, Tradition, and Interpretation』(1994)에서, 그리고 카렌 암스트롱Karen Armstrong은 『마호메트 평전Muhammad: A Biography of the Prophet』(2001)에서 사도의 아내들에 얽힌 사건과 그들의 성격, 그리고 사도와의 애정 관계 등을 묘사하고 있다. 사도의 아내에 대한 이야기는 그동안 밝혀지지 않았던 이슬람 역사에 대한 또 다른 단면을 보여준다는 면에서 매우 흥미롭다.

사도 무함마드는 570년에 유복자의 아들로 태어나 632년 사망할 때까지 12번 이상 결혼을 했다(Mernissi, 1985: 51). • 사도는 595년 15년 연상의 여인 과부 카디자와 첫 결혼을 했으며, 그녀가 죽을 때까지 일부일처제를 유지했다. 그리고 620년 그녀가 사망하자 이후 12년간 여러 번의 결혼을 했다. 유일한 처녀였던 아이샤와의 결혼을 제외하면 그의 결혼은 대부분 부족과 종교 간의 화합을 모색하기 위한 정략결혼이었다. 따라서 혼인 대상은 대부분 이혼녀나 과부였다. 수차례에 걸친 사도 무함마드의 결혼을 두고 그를 성도착증 환자로 모욕하고 이슬람교를 폄하하는 경우가 종종 있다. 그러나 결혼의 배경을 보면 그렇지 않음을 알 수 있다.

사도와 관계가 있는 주변 여성들은 이슬람교의 여성관 형성에 중요한 실마리를 제공한다. 그의 주변 여성으로는 14명의 아내(사도의 사망 당시 아홉 명의 아내가 생존해 있었다)와 네 명의 딸, 그의 어머니 아미나와 보모 할리마가 있다(Stowasser, 1994: 86). 이들 중 사도 무함마드의 친모는 그가 6세 때 사망했기 때문에 그에게 큰 영향을 미치지는 못했을 것이다. 다만 어린 나이에 어머니를 여읜 사도의 입장에서 모성의 중요성을 설파하는 데 이러한 점이 기여했을 것으로 보인다. 보모 할리마는 어린 시절 그를 사막에 데려

• 하디스에 의하면 무함마드가 결혼한 여성의 수가 일치하지는 않는다. 스토와저의 자료에서는 14명의 아내를 두었다고 되어 있다

가 베두인의 가치와 기상을 배우게 했다. 당시 아랍사람들은 아이가 사막에서 자라면 훨씬 건강해질 것으로 믿었다고 한다(암스트롱, 2001: 174). 그리고 사도 무함마드의 주변 여성들 중 그의 삶에 가장 큰 영향을 미친 여성은 바로 첫 결혼 상대였던 카디자, 유일하게 처녀였던 아이샤, 노예 출신 양아들의 아내, 즉 며느리 자이납(훗날 노예 출신 남편과 이혼 후 사도 무함마드와 결혼하게 된다), 이집트 콥트교(이집트의 기독교도) 출신의 아름다운 노예 마리얌 등을 들 수 있다. 이들과 함께 이슬람 여성의 관습도 시작되었다.

사도는 첫 번째 부인인 카디자와의 결혼을 제외하면 대부분 정략혼을 했다. 거기에는 유력 가문의 딸, 자신을 도와주는 교우의 딸, 적대 부족 출신의 딸, 종교의 화합을 위해 기독교와 유대인을 포함한 타 종교 여성, 사회복지를 실현하기 위한 미망인과의 결혼이 포함된다. 사도 무함마드 아내들의 관계는 당시 사회상을 잘 반영하는 동시에 그의 사망 이후 이슬람 사회의 분열과 갈등을 암시하기도 한다. 사도의 아내들은 남편을 자신의 침소에 더 오랫동안 붙잡아두기 위해 온갖 계략을 꾸몄으며(실제로 하프사는 사도가 달콤한 것을 좋아하는 것을 알고 꿀로 만든 음료를 주면서 그를 오랫동안 붙들었다. 그러자 아이샤, 사우다, 그리고 사피야가 훼방을 놓기도 했다), 사도가 새로운 부인을 들였을 때 새로운 경쟁자의 출현에 대한 경계로 하렘에는 긴장감이 흘렀고(아이샤는 움 쌀라마와 전쟁 포로 주와이리야의 아름다움을 두려워했다), 또 사도가 새 신부와 오랫동안 같이 있는 것을 방해했으며, 적대 부족과의 전쟁에서 얻은 전리품을 더 많이 얻으려고 서로 다투기도 했다. 또한 자신이 아닌 다른 아내로부터 사도의 혈통을 잇는 아들을 얻는 것을 무척이나 두려워했다. 하렘 안에서 여성들은 서로의 목적과 이익에 따라 때로는 연합했고, 때로는 상대를 음해했다. 하디스의 묘사에 나타난 그녀들은 일반 여성들처럼 남편의 애정을 얻기 위해 질투와 중상모략을 서슴지 않았으며, 자신이 속한 부족의 이권을 위해 권력 다툼도 서슴지 않았다. 그럼에도 불구하고 오늘날까지도 그들은 '믿는 자들의 어머니'로 불리며 존경받는다. 이와 관련해 코란 제33장 6절에는 다음과 같이 언급되어 있다.

> 예언자는
> 자기 자신들보다
> 믿는 사람들을 더 사랑하시며
> 그의 아내들은
> 그들의 어머니들이요
> 그들 서로 간의 혈육 관계는
> 하나님의 율법에서
> 믿는 사람들과 이주자들이
> 형제 관계보다
> 더 가까운 인간관계라
> 그러나 가까운 동료들에게 자산을 베풀라
> 그것도 하나님의 율법에 기록되어 있노라
>
> (코란 제33장 6절)

'믿는 자들의 어머니'는 이슬람 세계의 본받아야 할 무슬림 여성상을 제시한다. 가령 예멘과 시리아 지역의 대상을 소유했던 대부호 카디자는 오늘날 경제활동에 적극 참여해 부를 축적한 전형적인 비즈니스 여성상을 제시한다. 또한 사도 무함마드를 곁에서 보필하며 필요할 때는 직설적이고 단호한 조언을 서슴지 않았던 아이샤는 정치적인 여성상을 ― 훗날 제4대 칼리파 알리와의 전투에서 패한 뒤 정치계에서는 사라져 일부 남성들에게 여성의 정치 참여에 대한 부정적인 인식을 심어주긴 했으나 ― 보여준다. 그리고 어려운 사람들을 위해 적선과 구제에 앞장섰던 자이납(가난한 자들의 어머니라는 별칭을 얻음)은 천사 나이팅게일의 이미지와 맞닿아 있다. 그러나 코란에는 예언자의 아내라는 이들의 특별한 지위와 함께 인간적 약점을 극복하고 타의 모범이 될 것이 계시되어 있다. 코란 제33장 32절에는 예언자의 아내에 대한 종교적·사회적 기대가 제시되어 있다.

예언자의 아내들이여
너희는 다른 여성들과 같지 않나니
만일 너희가 하나님을 두려워한다면
남성들에게 나약한 말을 하지 말라
마음에 병든 남성들이
너희에게 욕정을 갖노라
필요하고 정당한 말만 함이 좋으니라
(코란 제33장 32절)

사도 무함마드가 이슬람교를 창시하고 인류 역사를 '새로 쓰기'한 것처럼 사도의 아내들에게도 이슬람 역사에서 무슬림 여성의 본보기가 될 것을 요구하는 것이다. 사도 무함마드 사망 당시 약 9명의 아내가 생존해 있었으며, 아랍의 관습에 따라 이들에게 청혼하는 남성들이 있었다. 이슬람 문화권에서 미망인이나 이혼녀는 이전 결혼 관계의 임신 여부를 확인할 수 있는 최소 기간인 3개월●이 지나면 재혼이 가능하다. 부족 문화에서 여성은 독립적으로 살아갈 수 없다고 믿었기 때문에 재혼을 통해서 남성의 보호를 받아야 했다. 이슬람교에서 재혼은 보호자 없는 여성과 어린아이를 보호하는 사회복지 차원에서 실행되었다. 그러나 당시의 관습과 달리 코란 제33장 53절은 사도의 아내들에 대한 재혼을 엄격히 금지하고 있다. '믿는 자들의 어머니'에게는 사도의 아내였다는 특별한 사회적 지위가 있었기 때문이다.

너희는

선지자의 부인으로부터

무엇을 요구할 때

가림새를 사이에 두고 하라

그렇게 함이

너희 마음과 선지자 부인들의 마음을 위해

순결한 것이라

너희는

하나님의 선지자를

● '잇다 *iddah* 기간'을 지칭하며 여성이 이전 결혼 관계가 해체된 후 다음 결혼 전까지 두어야 하는 결혼 대기 기간이다. 이 기간에는 이전 결혼에서 발생했을지 모를 임신 여부를 확인한다.

07 사도 무함마드의 아내, '믿는 자들의 어머니', 그들은 누구인가

괴롭히지 아니하도록 처신하라

너희는

이 부인들과 결혼할 수 없노라

이것은 실로 하나님 앞에 큰 죄악이라

(코란 제33장 53절)

사막에서 남성이든 여성이든 보호자 없이 사는 것은 버려진 삶과 같았다. 그래서 보호자가 없던 사도의 아내들을 구제하기 위해 제3대 칼리파 오마르는 페르시아에서 연금제도를 도입해 사도 아내들의 여생을 돌보았다(Khan, 2010: 57). 이슬람 사회는 사도의 아내들이 인간사에 얽매여 사는 것보다 품위를 유지하며 고귀한 삶을 누릴 것을 기대했던 것이다. 다음은 칸, 스토와저, 카렌 암스트롱의 저서에 소개된 사도의 아내들에 얽힌 이야기이다. 역사에 묻힌 그녀들의 이야기는 이슬람 역사를 또 다른 관점에서 조명한다는 면에서 의미가 있다(Kahn, 2010; Stowasser, 1994; 암스트롱, 2001).

모성과 보호의 상징인 첫 번째 아내, 카디자 빈트 쿠와일리드

카디자는 사도 무함마드의 첫 아내이다. 결혼 전 사도 무함마드는 카디자가 소유한 메카와 시리아를 연결하는 무역로의 대상 일을 맡고 있었다고 전해진다. 카디자는 메카의 유력 부족인 쿠라이시 부족의 아사드 가문 출신으로 무함마드와 혼인 전 두 번의 결혼을 통해 이미 세 명의 자녀가 있었고, 상인으로서 부를 누리며 성공적인 삶을 살고 있었다. 사도 무함마드는 25세(595년) 때 15세 연상인 카디자로부터 청혼을 받았다고 알려져 있다. 그러나 대부분의 학자들은 그녀의 나이가 더 어렸을 것으로 추정한다. 그녀는 사도와 결혼 후 네 명의 딸(자이납, 루까야, 움 쿨쑴, 파티마)과 두 명의 아들(까심과 압둘라, 어린 나이에 사망)을 낳았기 때문이다. 이슬람 이전 사회가 모계와 부계가 혼합된 사회였다는 점을 고려할 때, 여성이 먼저 남성에게 청혼을 했다는 것은 그리 이례적인 일은 아니었을 것이다(El-Saadawi, 1980: 125~126). 또한 카디자와의 결혼이 보여주는 몇 가지 요소, 즉 여성의 경제적 독립, 연하의 남성과 연상 여성과의 결혼, 일부일처제의 관행 등은 이슬람 도래 이전 자힐리야 시대 여성의 지위가 그리 낮았음을 보여준다.

보통 예언자의 삶에는 기적적인 일이 많이 나타난다. 카디자가 무함마드에게 청혼하기 전 그녀는 하나님으로부터 특별한 계시를 받았다고 전해진다. 스토와저에 따르면 카디자가 살던 당시 메카 여성들은 남성 모양의 우상 둘레를 도는 축제를 즐겼다고 한다. 어느 날 카디자는 당시의 관습에 따라 다른 여성들과 함께 이 의식에 참여했다. 그런데 이때 우상이 카디자에게 말을 하기 시작했다. 다른 여성들은 알아들을 수 없었지만 우상은 카디자에게 예언자와 관련된 말을 했다고 전해진다(Stowasser, 1994: 113).

한편 암스트롱 역시 카디자가 사도와 혼인하기 전 그에 얽힌 기적과 관련된 이야기를 전한다. 어느 날 카디자의 하인인 마이사는 무함마드와 여행길을 동행하면서 신기한 일들을 수차례 겪게 된다. 여행길에서 어떤 수도사는 아라비아에서 그토록 기다리던 예언자가 무함마드라고 말해주었고, 천사가 나타나 무함마드 머리 위에서 쨍쨍 내리쬐는 해를 가려주기도 했다는 것이다. 이를 전해 들은 카디자는 기독교인으로 성서를 공부한 사촌 와라카에게 달려갔으며, 그로부터 아라비아의 예언자 이야기를 듣고 무함마드에게 청혼했다고 한다(암스트롱, 2001: 183).

청년 무함마드는 카디자의 청혼을 받아들였다. 무함마드는 카디자가 65세의 나이(619년)로 사망하기 전까지 그녀를 유일한 아내로 두었다. 카디자와의 결혼에서 까심과 압둘라라는 두 아들과 자이납, 루까야, 움 쿨쑴, 파티마 이렇게 네 딸을 두었다. 그러나 불행히도 두 아들은 어린 나이에 사망했다. 이후 무함마드는 북부 아랍 부족 칼브족 출신의 노예 소년인 자이드 이븐 하리스를 카디자로부터 선물 받았다. 세월이 흘러 자이드의 가족이 몸값을 마련해 사도를 찾아왔을 때 자이드는 사도의 가족에게 남겠다고 했고, 사도는 그를 양아들로 맞이했다. 훗날 자이드는 사도의 주선으로 사도의 사촌인 자이납이라는 여성과 결혼한다. 그러나 자이납은 남편 자이드와 이혼 후 시아버지였던 사도 무함마드와 재혼함으로써 이슬람 사회에 큰 파문을 일으키게 된다.

경제적으로 궁핍했던 무함마드는 카디자의 부로 여유로운 삶을 누릴 수 있었다. 중년이 된 무함마드는 규칙적으로 동굴에 들어가 명상을 즐기며 정신적인 은거를 시작했다. 이후 무함마드는 40세에 이르러 천사 가브리엘을 통해 이슬람교의 첫 계시를 받게 된다. 카디자는 사망할 때까지 사도 무함마드의 든든한 보호자이자 정신적 동반자의 역할을 수행했다. 어쩌면 어머니를 일찍 여읜 사도는 15세 연상인 카디자로부터 모성을 느꼈을지 모른다. 카디자의 성격은 단호하고 고결하며 재치가 있었다고 한다. 사도 무함마드가 신비한 체험을 하거나 계시를 받고 두려움에 떨 때 그는 아내에게

곧장 달려가 위로를 받았다. 카디자는 범상치 않은 남편의 능력을 처음으로 인정하고 무슬림으로 개종한 첫 여성이었다(암스트롱, 2001: 184). 사도 무함마드에게 카디자의 존재감은 너무나 확고해 그녀가 죽은 뒤에도 누구든 그녀의 험담을 늘어놓을 수 없었다고 한다. 어느 날 죽은 카디자에게 시샘을 느낀 아이샤가 그녀를 '이빨 빠진 할망구'라고 표현했다가 무함마드의 미움을 샀던 일도 있었다고 한다(암스트롱, 2001: 469; Khan, 2010: 39).

카디자는 가난했던 사도에게 경제적으로 안정적인 환경을 만들어주었으며, 아무도 자신을 믿지 않았을 때 자신의 계시를 믿어줬던 첫 번째 인물이었다. 수많은 아내 중에서 카디자만 정략결혼이 아니었고, 또 그녀가 살아 있는 동안 다른 여성과 결혼하지 않았다는 점은 무함마드가 그녀를 얼마나 존중하고 사랑했는지 보여주는 대목이다.

두 번째 아내, 사우다 빈트 잠으

사우다는 사도 무함마드의 두 번째 아내이다. 그녀는 쿠라이시 부족의 아미르 부족 족장인 수하일의 사촌이자 처제였다. 그녀는 남편 사크란과 616년 아비시니아(아프리카의 동부, 에티오피아의 대부분을 차지하고 있는 고원)로 이주했으나 다시 메카에 돌아왔다. 이후 남편이 사망하자 35세의 나이에 사도 무함마드의 청혼을 받아들여 그와 결혼했다. 카디자 사망 후 사도 무함마드는 여자의 보살핌이 필요했고 이 결혼은 사랑보다 정치적인 실리 차원에서 이루어진 것이다. 사우다는 꿈에서 사도 무함마드가 다가와 그의 발을 자신의 목에 걸쳤다고 전해진다.

무슬림 여성 정치인의 상징, 아이샤 빈트 아부 바크르

이슬람의 역사에서 가장 중요한 여성 중 한 명이 바로 아이샤이다. 그녀는 쿠라이시 부족의 타임족 출신으로 아버지는 사도 무함마드의 교우였던 제1대 칼리파 아부 바크르이다. 아이샤는 사도 무함마드의 가장 사랑받는 아내로 여겨지며, 무함마드의 임종을 끝까지 지킨 인물이다. 그녀는 6세 때 사도 무함마드와 약혼했다. 이슬람교로 입교한 그녀의 아버지 아부 바크르는 사도 무함마드에게 충성하고 그와의 관계를 더욱 공고히 하기 위해 어린 딸의 약혼을 강행했다. 그런데 아이샤는 사도와 약혼하기 이전 이미 나우팔의 족장 무팀의 아들과 결혼을 약속한 사이였다. 그러나 무팀은 자신의 아들이 무슬림이 될까 봐 아내가 걱정한다는 이유로 파혼하고 싶어 했다(암스트롱, 2001: 338). 아이샤는 자신이 참석하지 않은 채 620년에 무함마드와 정식으로 약혼했다. 그리고 어느 날 친구들과 놀고 있는 그녀에게 엄마가 다가와 이제 밖에 나가 놀지 말라고 했을 때 그녀는 자신의 신분이 아이에서 여성으로 달라졌음을 깨달았다고 회고했다. 히즈라 후(메카에서 메디나로의 이주를 일컫는 말) 아이샤는 아홉 살이 되던 해에 사도 무함마드와 결혼했다. 알라는 여러 아내들 중 유일하게 아이샤에 대한 선몽先夢을 해주었다. 카디자를 잃은 슬픔과 그녀에 대한 그리움에 사무치던 어느 날 밤 꿈에 천사가 나타나 사도에게 요람에 있는 아이샤를 미래의 신붓감으로 보여주었다고 한다(Stowasser, 1994: 114).

아이샤는 이슬람교로 개종한 부모에게서 태어났으며, 사도와 결혼한 여성이다. 이슬람 전환기를 살았던 그녀의 삶은 자할리야 시대의 관습과 신흥 종교인 이슬람의 관습을 모두 품고 있다. 하렘에서는 여러 아내들과 함께 살며 베일과 격리라는 새로운 문화를 경험하고 정착시켰고, 이슬람교의 확립과 함께 부계 중심으로 전환되는 시기에 살았다. 사도는 수많은 아내 중에 아이샤를 가장 사랑했기 때문에 사도에게 잘 보이고 싶었던 사람들은 사도가 그녀의 방에 머무는 날을 골라 선물을 보냈다고 한다. 또한 사도는 아이샤와 함께 있을 때 알라로부터 계시를 받았기 때문에 그녀를 특별한 동반자로 여겼다.

아이샤는 이슬람 역사에서 정치적으로도 중요한 인물이다. 그녀와 관련된 한 사건은 사도 무함마드가 초기 이슬람 세계의 시련을 어떻게 극복했는지 보여준다. 아이샤가 14세 때의 일이다. 627년 아이샤는 메디나를 침범할 준비를 하고 있던 후자아 부족에서 갈라져 나온 바니 알 무스탈리크 부족을 공격하기 위한 원정대 팀과 동행했다. 바니 알 무스탈리크 부족과의 전쟁에서 승리한 이슬람 원정대는 며칠간 무라이시 샘에서 야영했다. 휴식하는 동안 아이샤는 생리 현상을 해결하기 위해 숙소를 살짝 빠져나왔다. 그러나 그녀는 숙소로 돌아가는 길에 예맨산 오닉스onyx 목걸이를 잃어버렸다는 것을 알았다. 그리고 목걸이를 찾기 위해 오던 길로 되돌아갔다. 휴식을 마친 원정대는 다시 길을 떠날 채비를 서둘렀다. 남성들은 낙타 안장에 가마를 올렸다. 아이샤는 몸이 가냘프고 가벼웠기 때문에 원정대는 그녀가 가마에 타고 있으리라 생각하고 길을 떠났다. 아이샤가 돌아왔을 때

원정대는 이미 철수한 뒤였다. 이때 일행에서 뒤처진 사프완 이븐 알 무아탈이라는 청년이 아이샤를 알아보고 그녀를 자신의 낙타에 태워 일행에게 데리고 갔다. 외간 남자와 낙타를 타고 등장한 아이샤는 그녀의 결백을 의심하는 사람들의 눈총과 비난을 감당해야 했다. 특히 위선자와 불신자들은 이 일을 사도 무함마드의 리더십에 생채기 내기 좋은 기회로 삼았다.

이 사건을 해결하기 위해 고민에 잠긴 사도는 한동안 아이샤를 냉랭하게 대했다. 그리고는 당분간 친정에 머물 것을 요청했다. 이 사건과 관련해 사도는 가장 믿을 만한 주변인 두 명에게 조언을 구했다. 그중 한 명은 메카 시절부터 아이샤를 알던 우사마 이븐 자이드로 그는 아이샤의 무죄를 주장했다. 이에 반해 사촌인 알리는 애매한 태도를 보였다. 그는 "사방에 널린 게 여자입니다. 얼마든지 바꾸실 수 있습니다"라고 대답하면서 사도에게 아이샤의 하녀를 심문할 것을 권했다. 알리는 하녀를 때리며 실토하라고 했으나 그녀는 진실에 대해서는 더 이상 고할 것이 없다고 대응했다. 이 사건으로 아이샤는 자신의 아버지(아부 바크르, 훗날 제1대 칼리파)의 경쟁자였던 알리(훗날 제4대 칼리파)를 미워하며 적개심을 품게 되었다. 그녀를 둘러싼 진실 공방으로 깊은 시름에 빠진 사도 무함마드는 그녀를 찾아가 사실을 말할 것을 다시 한 번 요구했다. 그녀의 부모도 진실을 말하라고 종용했다. 그러나 아이샤는 말로 변론하는 것은 더 이상 아무 의미 없다고 대답하면서 침묵으로 일관했다. 자신이 무슨 말을 하든지 아무도 자신을 믿지 않을 것이라고 생각했기 때문이다. 이후 고뇌에 쌓인 사도 무함마드는 아이샤의 결백과 관련된 계시를 받았다.

사실을 알지 못하고

순결한 여성들을 중상하는 자들은

현세와 내세에서 저주를 받을 것이며

그들에게는 크나 큰 벌이 있으리라

(코란 제24절 23절)

순결치 못한 여성은

순결치 못한 남성을 위해서

순결한 남성은

순결한 여성을 위해서

훌륭한 여성은

훌륭한 남성을 위해서

훌륭한 남성은

훌륭한 여성을 위해서 있나니

이들은 그들이 무엇이라

중상하여도 결백하나니

그들에게는

관용과 양식과 은혜가 충만하리라

(코란 제24절 26절)

자신을 둘러싼 중상모략에 당당하고 의연하게 대처했던 아이샤의 나이는 불과 14세였다. 머니시는 이 사건을 이슬람 공동체인 움마를 와해시키기 위한 위선자들의 계략이었다고 해석한다(Stowasser, 1994: 95에서 재인용).
사도 무함마드가 특히 사랑했던 아이샤를 공격함으로써 무함마드의 체면
과 위신을 훼손할 수 있었기 때문이다. 이후 애꿎은 사람을 중상모략한 결
과는 태형이라는 알라의 계시가 내려지게 되었다.

> 순결한 여성들을 중상하는 자들이
> 네 명의 증인을 내세우지 못할 경우
> 그들에게 여든 대의 가죽형을 가하되
> 그들의 증언도 수락해서는 아니 된다
> 이들은 사악한 죄인들이라
>
> (코란 제24장 4절)

> 보라
> 너희가 단지
> 너희의 혀로써만 그것을 받아들이고
> 아는 바 없이 너희 입으로만 얘기하며
> 또한 그것을 가벼운 것으로 생각하여 버리나
> 하나님 앞에서는 중대한 일이라
>
> (코란 제24장 15절)

결국 아이샤의 결백은 밝혀졌으며 움마 내 한바탕의 소란도 지나갔다.
그런데 위선자들이 이 사건을 통해 움마 분열을 목표로 했다면 그들은 훗날

목적을 충분히 이루게 된다. 이 사건으로 갈등의 골이 깊어진 아이샤와 알리는 656년 이슬람 역사 최초의 내전인 '낙타 전투'를 치렀기 때문이다. 위기의 상황에서 자신의 편을 들지 않았던 알리에게 섭섭함을 느꼈던 아이샤는 자신의 아버지 뒤를 승계한 칼리파 오마르와 오스만이 암살당한 원인에 대해 알리가 적극적으로 대처하지 않자 그를 맹렬히 비난했다. 그리고 양 진영의 갈등은 전쟁으로까지 비화되었다. 그러나 전쟁에서 패한 아이샤는 모든 책임을 지고 뒷방으로 물러나게 된다. 이 일은 훗날 이슬람 세계의 여성 리더십이 부정적으로 인식되는 계기가 되었다. 여성의 정치 참여의 문은 아이샤 이후로 굳건히 닫힌 것이다(Khan, 2010: 45). 이후 아이샤는 매우 검소한 삶을 살았다. 그녀는 사도 무함마드가 생전 검소한 삶을 살았던 것을 본받고 싶어 했다. 죽는 날까지 아이샤는 자신의 옷을 직접 지어 입었으며, 메디나 모스크 옆에 위치한 자신의 집을 팔고 받은 대금인 낙타 다섯 마리 분량에 해당하는 금을 모두 가난한 사람들에게 희사하는 등 자선사업에도 앞장섰다.

후대는 아이샤를 매우 영리한 인물로 평가하고 있다. 사도는 자신이 메디나를 떠나 있을 때 움마에서 종교적인 문제가 발생하면 언제든 아이샤와 상의하라고 말하곤 했다고 전해진다. 그녀는 사도를 항상 옆에서 보필했기 때문에 사도의 삶과 종교적 언행에 대해 후손에게 가장 많이 전한 전승자로도 알려져 있다. 9세기에 알 부카리를 포함해 하디스 전승자들이 많은 부분을 삭제하긴 했지만(이들은 사도가 무함마드가 아이샤에게 직접 전한 174개만 수용) 사도의 언행 2210개가 아이샤로부터 전승되었다(암스트롱, 2001: 554).

네 번째 아내, 하프사 빈트 오마르

하프사는 이슬람 역사에서 신앙심이 깊기로 유명한 여성이다. 그는 쿠라이시 부족의 아디 가문 출신으로 제2대 칼리파인 오마르의 딸이다. 18세의 어린 나이에 남편을 잃은 하프사는 아름답고 교양 있는 여자였다. 그녀는 글을 읽고 쓸 줄 알았다. 그러나 성질은 급한 편이었다. 그녀의 아버지 오마르는 그녀가 미망인이 되고 애도 기간이 끝나자마자 아부 바크르와 오스만에게 자신의 딸과 결혼할 것을 청했다. 그러나 그 둘 모두 묵묵부답으로 일관하자 오마르는 마음이 상했고, 기분을 풀기 위해 사도의 집에 방문했다. 그러자 사도 무함마드는 그 자리에서 하프사에게 청혼했으며, 오마르는 금세 기분이 좋아졌다고 한다. 사도 무함마드는 하프사와 625년 결혼했고, 이 결혼으로 오마르 가문과 탄탄한 정치적 동맹을 맺을 수 있었다. 다른 부인들을 시샘했던 아이샤가 하프사는 반갑게 맞이했는데 이는 아부 바크르와 오마르의 친분으로 인한 것이었다. 나이가 아이샤보다 조금 많은 하프사는 아이샤를 잘 이끌어주었으며, 두 여성은 곧 친구가 되었다. 둘은 자신들과 경쟁 관계에 있던 사도의 또 다른 아내 사우다를 골탕 먹이긴 했으나 나중에는 이들 모두 친한 친구가 되었다. 무함마드의 아내들이 거주하던 하렘에서 아내들은 서로를 '언니'와 '동생'으로 불렀다(암스트롱, 2001: 424).

다섯 번째 아내, 자이납 빈트 쿠자이마

힐랄 부족 출신의 자이납과의 결혼은 626년 1월 행해졌다. 사도의 결혼은 동맹 관계라는 정치적 목적에서 실현되었던 반면 자이납과의 결혼은 약자 보호와 사회복지라는 차원에서 행해졌다. 그녀와의 결혼은 바드르Badr 전투(624년 사도가 메카 군대와 처음으로 싸워 이긴 전투. 이 전투로 메카의 권위는 약화되었으며 이슬람교의 정치적 입장은 확고해졌다)에서 순교한 우바디아 이븐 알 하리스의 미망인 자이납에게 거처를 제공하면서 시작되었다. 비록 그녀는 결혼 8개월 만에 사망하고 말았으나 베두인 아미르 부족의 족장이었던 그녀의 아버지는 훗날 이슬람 정복사업에 군사력을 제공하며 사도 무함마드를 도왔다.

귀족 출신의 힌드(움 쌀라마) 빈트 아비 우마야

힌드 또는 움 쌀라마는 메카에서 부유하고 막강한 영향력을 행사하던 마크줌 가문 출신 지도자의 누이이다. 29세의 그녀는 아름답고 지적인 여성이었다. 움 쌀라마는 사도를 따라 메카에서 메디나로 이주했던 사람들 중 가장 고결한 귀족 혈통에 속한 여성이었다. 그녀에 비하면 아이샤와 하프사는 평민 축에 속했다. 사도 무함마드는 627년 메카인들과의 '참호 전투'에 그녀를 데리고 갔고, 이후에도 중요한 출정에 나설 때마다 종종 그녀와 동반했다. 그녀는 중요한 조언으로 사도를 기쁘게 했다고 전해진다.

처음 사도 무함마드의 청혼을 받았을 때 힌드는 그리 달가워하지 않았다. 여성이 많은 하렘에서 살기에 자신은 너무 질투심이 많다고 했다. 그러자 무함마드는 알라께서 이를 보살펴주실 것이라고 말하며, 그녀에게 재차 청혼 의사를 전했다. 그녀가 사도의 청혼을 받고 머뭇거린 것에서 알 수 있듯 하렘 내에는 사도의 사랑을 얻기 위해 아내들 간 치열한 경쟁이 있었으며, 여기에는 부족 간 권력관계도 얽혀 있었다. 그녀와의 결혼은 사도 무함마드 아내들 간 불화를 초래하기도 했다. 사도와 결혼한 각각의 아내들은 움마 내 다양한 파벌을 대표하는 정치 세력이었으며, 각 부족 간 이해관계는 사도의 아내들 관계에도 많은 영향을 미쳤기 때문이다. 움마 내 권력을 쟁취하고 또 이를 유지하기 위해 힌드는 특히 사도 무함마드의 직계가족과 가깝게 지내는 전략을 구사했다. 그녀는 사도의 직계가족 중 내성적이고 수줍음을 잘 타는 딸 파티마를 지지했다. 파티마는 사도의 사촌이자 사위로 훗날 이슬람 역사에서 제4대 칼리파로 등극하게 된 알리와 결혼한 인물이다. 그러나 힌드는 사도가 사망하고 칼리파 알리가 제3대 칼리파 오마르에 의해 후계자 순위에서 밀려나자 알리와 파티마에 대한 지지를 철회했다. 그 대신 반대 세력이었던 우마이야 가문의 무아위야(오마르의 사촌, 훗날 알리의 후손 세력을 꺾고 우마이야 제국을 건설)를 지지한다. 사도가 사망한 후 움쌀라마는 약 378개의 하디스를 후세에 전승했으며, 이슬람 학자들에게 법적인 해석에 대한 조언도 서슴지 않았다. 그녀는 86세에 사망했으며 사도의 아내들 중 가장 장수한 여성이다.

사도를 첫 눈에 반하게 한 여성, 자이납 빈트 자흐쉬

　사도는 자이납과의 결혼으로 아마도 초기 이슬람 역사상 가장 큰 구설수에 오르지 않았나 싶다. 그녀와의 결혼으로 사도 무함마드는 오늘날까지 여성 편력에 성도착증 환자로 오해받고 있으며, 무슬림 여성에게 히잡의 계시가 내려지기도 했다. 정치적 동맹이나 사회 약자를 보호한다는 명목하에 이루어졌던 이전 결혼과 달리 자이납과의 결혼은 이성적인 매력에 끌려 결혼했다고 알려져 있다.

　자이납은 쿠자이마의 아사드 부족 출신으로 출중한 미모의 여성이었다. 그녀는 아부 알 무탈리브의 손녀로 사도와는 외사촌 관계이다. 그녀는 어린 시절 메디나로 이주했다. 사도는 처음에 카디자가 사도에게 선물했던 노예 출신 양아들 자이드와의 결혼을 주선했다. 그러나 자이납은 자신보다 신분이 낮은 자이드와의 결혼을 받아들일 수 없었다. 자이납은 사도의 권고로 하는 수 없이 노예 출신 남편과 결혼하지만 두 사람의 결혼생활은 결코 순탄치 않았다. 그녀는 남편을 무시했고, 남편은 그녀를 어려워했다. 몇 년이 지난 후 사도는 자이드 집에 들렀다. 그런데 때마침 자이드는 용무가 있어 출타 중이라 집에는 자이납 혼자였다. 사도가 방문한다는 말을 들은 자이납이 허겁지겁 옷을 입고 그를 맞이했는데 이 광경이 사도를 즐겁게 했다고 한다. 그녀는 사도에게 들어오라 했지만 사도는 이를 거부했다. 사도는 그녀를 쳐다보지 않았으나 자이납은 그가 발길을 돌릴 때 "인간의 마음을 변하게 하는 알라께 찬양할지어다"라고 중얼거리는 것을 들었다. 그러나 또 다른 해석에 의하면 사도를 맞이할 시간이 충분하지 않았던 자이납은 속옷 하나만 걸친 채 사도를 커튼 뒤에서 응대했다. 그런데 바람이 커튼을 날려버리자 사도는 속옷 한 장만 걸친 자이납에게 이성적으로 끌렸다고 전하고 있다.

얼마 후 자이드는 자이납과의 이혼을 요청했으나 사도는 이를 허락하지 않았다. 그러나 처음부터 아내를 통제할 수 없었던 자이드는 끝내 자이납과 이혼을 강행했다. 훗날 자이납은 이혼 후 여성의 임신 여부를 확인할 수 있는 최소 기간인 잇다 기간이 지나자 사도와 결혼했다. 그러나 자이납과의 결혼은 이슬람 사회를 술렁이게 만들었다. 비록 이혼녀이긴 하지만 결과적으로 봤을 때 사도가 아들의 아내, 즉 며느리를 자신의 아내로 취했기 때문이다. 사람들은 근친상간에 대해 어떻게 보아할 것인가를 두고 논쟁을 벌였다. 이와 관련해 사도는 양아들과의 관계는 인위적인 관계이기 때문에 이를 합법적으로 볼 수 있다는 계시를 받았다.

하나님께서 은혜를 베푸셨고
그대가 은혜를 베풀었던 그에게
너희 아내를 네 곁에 간직하라
그리고 하나님을 두려워하라고
그대가 말한 것을 상기하라
그때 그대는 하나님께서 밝히시려 했던 것을
그대 마음속에 숨기었고
사람들을 두려워하였으나
그대가 더욱 두려워할 것은

하나님이었노라

자이드가 그녀와의 결혼생활을 끝냈을 때

하나님은 필요한 절차와 함께

그녀를 그대의 아내로 하였으니

이는 양자의 아들들이 그녀들과 이혼했을 때

장래에 믿는 사람들이

그 아내들과 결혼함에 어려움이 없도록 함이라

이것은 이행되어야 할 하나님의 명령이었노라

(코란 제33장 37절)

하나님이 선지자에게 명령한 것을

이행하는 것은

죄악이 아니거늘

그것은 이전에 지나갔던 하나님의 순나라

하나님의 명령은 절대적 법령이라

(코란 제33장 38절)

이슬람의 양자와 관련된 게시로 "또한 그 분은 양자로 택한 아들을 너희의 아들이라고 하지 아니 하도록 하셨노라 그것은 단지 너희 입으로 하는 말일 뿐이라(코란 제33장 4절)"가 있다. 즉, 이는 입양한 자녀가 자신과 혈통으로 연결된 자녀와 다름을 뜻한다. 또한 "무함마드는 너희 가운데 어느 한 사람의 아버지가 아니며 하나님의 선지자이자 최후의 예언자라 실로 하나님은 모든 것을 아시노라(코란 제33장 40절)"라는 계시를 받았으며, 이는 사도가 특정한 사람의 아버지가 될 수 없음을 의미하는 것이다. 이러한 코란 계시와 함께 사도는 자이납과의 결혼에 대한 적법성을 부여받을 수 있었다. 그러나 이 책의 또 다른 주제에서 다루겠으나(제16장 참조) 이러한 계시 내용으로 인해 이슬람법에서는 입양을 금지하게 되었다. 결국 이슬람 사회에서 고아를 돌보는 것은 선행으로 여겨지나 입양한 가족의 성姓을 부여하지는 않는 새로운 전통이 생겼다. 사도와 자이납과의 결혼으로 이슬람 사회가 윤리적인 도전을 받게 되자 일부 이슬람 학자들은 자이납의 이혼에 책임을 느낀 사도가 그녀를 구제할 목적으로 결혼했다는 변론을 펼치기도 한다. 사도는 보호자가 없는 여자들을 늘 걱정했으며, 만약 그가 성적 매력에 이끌려 자이납을 원했다면 자이드와의 결혼을 주선하기 전에 그녀와 결혼했을 것이라고 반박한다.

무슬림 여성의 순결과 정조의 상징인 베일도 자이납과의 결혼에서 계시된 것이다. 이슬람교의 세력 확장을 차단하고 이를 와해하기 위해 위선자들은 수많은 소문을 퍼뜨렸다. 그들은 사도의 아내와 관련된 흠집도 마다하지 않았다. 이슬람 도래 이전 아라비아에서는 성 윤리가 문란했으며(제16장의 '이슬람 도래 이전의 결혼'에서 설명되어 있다), 이성 간 추잡한 대화와 희롱이 오갔고, 유혹이 난무했다고 한다. 당시 사도의 아내들도 모욕의 대상이 되었다. 특히 위선자들 중에는 사도 아내의 명예와 품위를 흠집 내어 이슬람교의 종교적 위상을 훼손하려는 사람들이 있었다. 자이납의 결혼 축하연에서 몇몇 손님은 고의적으로 늦게까지 남아 폐를 끼쳤고 이로 인해 사도에게 다른 사람의 집을 방문했을 때 예의범절에 대한 계시가 내려졌다.

믿는 자들이여

예언자의 가정을 들어가되

이때는 식사를 위해 너희에게 허용되었을 때이며

식사가 완료되기를 기다려서는 아니 되노라

그러나 너희가 초대되었을 때는 들어가라

그리고 식사를 마치면 자리에서 일어설 것이며

서로가 이야기를 들으려 하지 말라

실로 이것은 선지자를 괴롭히는 일이라

(코란 제33절 53절)

그 밖에 사도 무함마드의 아내들이 희롱거리가 되자 여성들을 움마로부터 격리시키라는 베일과 관련된 규정도 계시받았다. 베일 관련 코란의 계시는 다음과 같다.

예언자여

그대의 아내들과 딸들과 믿는 여성들에게

베일을 쓰라고 이르라

그때는 외출할 때라

그렇게 함이 가장 편리한 것으로

그렇게 알려져 간음되지 않도록 함이라

실로 하나님은 관용과 자비로 충만하심이라

(코란 제33장 59절)

믿는 남성들에게 일러 가로되

그들의 시선을 낮추고 정숙하라 할지니

그것이 그들을 위한 순결이라

실로 하나님께서는

그들이 행하고 있는 것을 아시니라

(코란 제24장 30절)

믿는 여성들에게 일러 가로되

그녀들의 시선을 낮추고 순결을 지키며

밖으로 나타내는 것 외에는

유혹하는 어떤 것도 보여서는 아니 되니라

그리고 가슴을 가리는 머릿수건을 써서

남편과 그녀의 아버지, 남편의 아버지,

그녀의 아들, 남편의 아들,

그녀의 형제, 그녀 형제의 아들, 그녀 자매의 아들,

여성 무슬림, 그녀가 소유하고 있는 하녀, 성욕을 갖지 못한 하인,

그리고 성에 대한 부끄러움을 알지 못하는 어린이 외에는

드러내지 않도록 하라

또한 여성이 발걸음 소리를 내어

유혹함을 보여서는 아니 되나니

믿는 사람들이여

모두 하나님께 회개하라

그리하면 너희가 번성하리라

(코란 제24장 31절)

나이가 들어

부부생활(夫婦生活)을 원하지 아니하는 여성들이

유혹을 하는 부분을 제외하고는

옷을 벗어도 죄악은 아니라

그러나 자제하는 것이

그녀들에게 더 좋으니라

실로 하나님은

들으심과 아심으로 충만하시니라

(코란 제24장 60절)

이 밖에도 무슬림 여성의 베일 문화 정착과 관련해서는 오마르의 일화가 등장한다. 오마르는 칼리파 중 가장 엄격하며 가부장적인 성격을 지닌 사람이었다. 그는 평소 사도 무함마드가 아내들에게 친절하게 대하는 것을 못마땅히 여겼다. 그런 와중에 사도의 아내들이 밤 나들이를 한다며, 위선자들이 이를 비난하는 불미스러운 사건이 일어났다. 그러자 오마르는 사도에게 아내들을 모두 격리시킬 것을 권했다. 베일에 대한 알라의 계시와 함께 오마르가 제2대 칼리파로 등극한 지 2년 만에 베일 문화는 의상의 차원에서 공간적 격리 문화로 확장되었다(Khan, 2010: 12). 베일의 역사와 관련된 또 다른 이야기로는 결혼식 다음 날까지도 자이납 집에서 얼쩡거리는 한

07 사도 무함마드의 아내, '믿는 자들의 어머니', 그들은 누구인가

남성 때문에 사도가 계시를 받았다는 설, 아이샤가 제2대 칼리파 오마르와 함께 식사를 하던 중 손이 닿았고 오마르가 사도에게 여성의 격리를 요청했다는 설 등이 있다(Stowasser, 1994: 90~94). 한편 남성 중심의 베일 착용설과 달리 여성의 자발적 참여설도 있다. 남성과 여성의 공간을 분리하는 베일에 대한 계시가 등장하기 전까지 사도의 아내들은 남성과 함께 예배에 참석했다. 그러다 메디나에서의 생활이 복잡해지고 사원이 공식적인 종교활동의 중심지로 부상하면서 사도의 아내들에게 전용 공간이 마련되었으며, 그와 함께 활동의 폭도 제한되었다. 이슬람교의 위상이 점차 높아지자 이슬람 공동체를 이끄는 사도의 지위도 점차 확고해졌다. 이는 사도의 아내들에게도 기존의 부족 문화로부터 탈피해 새로운 시대에 맞는 품행이 요구됨을 의미하는 것이다. 사도의 아내들은 품위와 신분의 표시로 상류층 여성을 격리하던 이웃 페르시아와 비잔틴 제국의 관습을 채택하고 싶어 했다. 결국 여러 가지 정황을 미루어 짐작할 때 베일은 이슬람 여성 엘리트의 의전 문제와 관련해서 시작되었으며, 여성을 억압하기 위한 상징이 아니라 이들의 고귀한 신분을 구분하는 하나의 상징적 도구로 출발했음을 알 수 있다(암스트롱, 2001: 459). 이는 베일에 부여된 수많은 부정적 의미에도 불구하고 베일 문화가 어떻게 오늘날까지 유지될 수 있었는지 단서를 보여주는 면에서 의미가 있다.

자이납은 무함마드가 사망하자 제일 먼저 세상을 떴다. 그녀는 이웃에게 늘 베풀고 살았기 때문에 '가난한 자의 은신처'라고 불리기도 했다. 또한 칼리파 오마르가 제공했던 연금을 모아 가난한 이에게 모두 희사한 것으로 알려져 있다.

아이샤의 가슴을 쓸어내린 미모의 전쟁 포로, 주와이리야 빈트 알 하리쓰

627년 1월 사도는 메디나 공격을 준비하는 바니 알 무스탈리크 부족을 치기 위해 아이샤와 움 쌀라마를 동반해 원정대를 이끌었다. 이슬람 군사들은 메디나 북서쪽 홍해 해안가의 무라이시 샘에서 적을 패주시키고 낙타 2000마리와 양과 염소 5000마리, 그리고 200명의 여자들을 전리품으로 확보했다. 이 중에 부족장의 딸인 주와이리야 빈트 알 하리쓰가 있었다. 그녀의 미모는 출중했다고 알려져 있다. 원정을 함께 떠난 아이샤는 자신의 몸 값을 협상하기 위해 무함마드를 찾아온 주와이리야를 보자 그녀의 아름다움에 가슴이 무너지는 것 같았다고 회상했다. 아이샤는 "처음 본 순간부터 그녀가 싫었다"고 말한 것으로 전해진다. 그러나 훗날 무함마드는 그녀와 결혼했고, 그녀의 부족은 적군에서 아군이 되었다.

라믈라(움무 하비바) 빈트 아부 수피얀

이슬람교라는 신흥 종교가 형제애와 평등을 내세우며 사회 개혁을 외치자 기존 메카 사회의 기득권층인 쿠라이시 부족은 이를 매우 불쾌하게 여겼다. 쿠라이시 부족은 메카에서 세력이 점차 확장되는 이슬람 세력을 차단하기 위해 모든 수단과 방법을 동원했으며 무슬림을 중상모략하고 박해했다. 고향에서의 박해에 시달리다 못해 일부 무슬림은 아비시니아(지금의 에티오피아) 또는 메디나로 떠났다.

이 중 이슬람교를 매우 싫어하며 숙적으로 여겼던 아부 수피얀의 딸인 움무 하비바(또는 라믈라)로 불리는 여성이 있었다. 그녀는 쿠라이시 부족의 압둘 샴스 가문 출신이다. 그녀는 훗날 제4대 칼리파 알리가 사망한 후 661년 시리아를 거점으로 우마이야 제국을 설립한 무아위야의 이복 남매이다. 무아위야는 제4대 칼리파 알리와 이슬람 제국의 통치권을 두고 전쟁을 벌인 인물로 쿠라이시 명망 가문 출신이다. 사도와 그녀의 결혼 배경에는 메카의 유력 부족인 쿠라이시 부족과 관계를 공고히 하려는 정치적인 계산이 깔려 있었다.

한편 그녀의 남편 우바이달라는 이슬람 공동체에 불만을 품고 몰래 기독교로 개종했다. 이에 앞서 그녀는 어느 날 꿈에서 남편의 형상이 흉하게 변한 것을 보았다. 꿈의 계시를 이상히 여긴 라믈라는 남편을 추궁해 그가 기독교인이 된 사실을 알게 되었다. 그녀가 남편의 개종 사실에 대해 신랄히 비난하자 남편은 죽을 때까지 술을 마셨다. 라믈라가 꿈에서 '믿는 자들의 어머니'라는 선몽을 꾼 다음 날 아비시나의 통치자 네구스는 사도가 그녀에게 청혼의 편지를 보내왔다는 소식을 전했고, 그녀는 사도와의 결혼을 수락했다.

유대인 전쟁 포로, 사피야 빈츠 후와이 이븐 아카탑

사도 무함마드의 결혼은 신분의 지위 고하와 부족의 출신을 막론하고 대부분 움마의 화합이라는 정치적인 목적하에 이루어졌다. 그리고 그 상대도 아랍 여성이었다. 그러나 이제 사도는 이슬람교의 세력 확장을 목표로 초부족적인 이슬람 공동체를 만들기 위해 타 민족 포용에 눈을 돌리기 시작했다. 유대인인 사피야와의 결혼이 그에 속한다. 사피야는 오랜 숙적이었던 유대 부족 후야이의 딸이자 전쟁 포로였다. 사도는 사피야와의 결혼을 통해 유대 부족을 포용하고, 그들과의 갈등을 종식시켜 부족의 연대감을 더욱 공고히 하고자 했다. 사피야는 꿈에서 유대 부족이 메디나에서 패할 것을 계시받았다. 꿈속에서 그녀는 '신이 보낸 사람'과 함께 있었고, 천사가 날개로 둘을 덮는 것을 보았다. 그녀가 자신의 꿈을 이웃에게 말하자 부족원들은 그녀를 미워했다. 그리고 남편에게는 '야쓰립(메디나의 원래 이름)'에서 달이 와 자신의 무릎에 떨어졌다는 꿈 내용을 전했고, 화가 난 남편은 "메디나에서 온 왕과 결혼하고 싶냐"고 말하며 그녀의 얼굴을 때렸다. 이때 얻은 그 상처는 사도 무함마드와 결혼할 때까지 남아 있었다고 한다.

아랍 부족과 유대 부족 간 결혼은 정치적인 동맹 관계를 확고히 맺기 위한 목적에서 이루어졌으나 결혼생활은 평탄치 않았다. 특히 하렘에서 아랍인 아내들은 이방인 여성에게 적대감과 혐오감을 대놓고 드러냈다. 사도의 아랍인 아내들은 하나같이 사피야의 아버지 후야이를 조롱했다. 이를 견디지 못한 사피야가 사도에게 달려가 고하자 사도는 "내 아버지는 아론이고 나의 숙부는 모세"라며 위로했다고 한다. 또한 사피야가 자이납에게 낙타를 빌려달라고 했으나 자이납은 이를 거절했다. 사도는 사피야를 따돌리는 자이납의 행동을 불쾌히 여기며 2~3개월 동안 자이납의 침소에 들지 않았다고 전해진다(Stowasser, 1994: 111; Khan, 2010: 87). 그러나 세월의 흐름과 함께 사피야도 하렘의 일원으로 인정되었으며, 나중에는 아이샤와 친구가 되었다.

사도의 유일한 기독교도 아내, 마리얌

마리얌은 사도의 아내 중 유일한 기독교인이었다. 그녀는 이집트 콥트교도로 원래는 사도에게 선물로 보내진 여종이었다. 그런데 마리얌과의 결혼 후 그녀를 두고 하렘에서의 질투는 극에 달했다. 그녀가 하렘의 여성들 중 유일하게 아들을 낳았기 때문이다. 아들 출산에 사도는 너무나 기뻐했으며 아들에게 '이브라힘'이라는 이름을 지어주었다. 아들은 곧 권력과 자산을 의미하던 아랍의 정서에서 사도의 득남 소식은 다른 아내들에게 엄청난 부담이었다. 이 소식은 특히 아이샤를 더욱 자극했다. 다른 아내들은 사도와의 결혼에서 아이를 낳았으나 사도가 가장 사랑하는 아내이자 하렘에서 권력의 중심에 있던 아이샤에게는 불행히도 아이가 생기지 않았기 때문이다. 다른 아내들에게 아이가 있는 것이 부러웠던 아이샤는 어느 날 사도에게 '쿤야 kunyah'를 붙여달라고 요청할 정도였다. 쿤야는 아랍인들이 이름을 부르는 방식 중 하나로 자녀의 이름을 따 상대방을 지칭하는 것이다. 이에 사도는 아이샤가 가장 사랑했던 조카인 '압둘라'의 이름을 따 '움 압둘라(압둘라의 어머니)'라는 쿤야를 지어주기도 했다.

마리얌과 사도에게는 축복이었던 이브라힘의 탄생으로 하렘 내에는 또 한 번의 중상모략과 권력 다툼이 발생했다. 하렘에는 이브라힘이 사도의 아들이 아니라 마리얌과 함께 은신했던 다른 콥트교인의 아들이라는 소문이 떠돌기 시작했다. 진실을 알아내기 위해 사도는 자신의 사촌인 알리를 보내 사실을 확인했다. 알리는 당시 마리얌과 함께 은신했던 기독교인 남성이 고자임을 알렸고, 이로써 이브라힘은 사도의 아들로 판명되었다. 그러나 이브라힘의 존재는 하렘 내 아내들의 질투를 넘어선 문제였다. 기독교도인 이방인 여성이 사도로부터 남자아이를 낳았다는 것은 향후 이슬람 제국을 뿌리부터 흔들 가능성이 있었기 때문이다. 그뿐 아니라 이는 무슬림 공동체 내에서 콥트의 영향력이 커질 수도 있음을 시사했다(Stowasser, 1994: 112). 그러나 불행히도 이브라힘은 어린 나이에 죽고 만다.

그 밖의 아내들

앞서 언급한 아내들 외에 사도와 결혼한 여성으로는 작은 아버지 압바스의 형수인 매력적인 마이무나 빈트알 하리쓰, 첫날밤을 치르기 전 이혼한 킬랍족의 파티마 븐트 알 다학, 킨다족의 아스마 빈트 알 누으만, 킬랍족의 아므라 빈트 야지, 킨다족의 쿠탈이라 빈트 까이스 혹은 물라이카 빈트 카읍 등이 있다. 사도의 혼인 의사와 상관없이 사도에게 자신을 맡긴 여성도 있었다. 그러나 이들은 결혼 계약이나 혼납금을 요구하지 않았기 때문에 이슬람의 관점에서 결혼으로 인정되지 않는다.

하렘 내에서 아내들의 관계는 너무나 복잡했다. 이슬람교의 확장은 전리품으로 인한 '금고'의 확장뿐만 아니라 하렘의 확장도 의미했기 때문이다. 정복사업 과정에서 부족 간 화합을 목적으로 행해진 정략결혼이 많았기 때문에 아내들 간에는 화합이 아니라 질투와 계파 갈등이 빈번히 발생했다. 이와 관련해 스토와저는 하디스에 나타난 사도 아내들의 이미지는 종교 창시자 아내로서의 위엄과 성스러운 면보다 인간적인 면에 치중되어 있다고 언급하고 있다. 아내들과 머무는 횟수를 공정히 하려던 사도의 의도와 달리 그녀들은 남편을 더 오랫동안 붙잡아두기 위해 더 맛있는 음식을 내놓고, 더 아름답게 치장했으며, 이간질과 중상모략도 서슴지 않았다. 또 자신의 목적을 이루기 위해 다른 아내들과 친구가 되기도, 적이 되기도 했다. 전리품을 더 얻기 위해 사도에게 떼를 쓰기도 하고, 바가지를 긁거나 따지기도 했다. 그리고 혼납금 액수를 떠벌리며 자랑하기도 했다. 하렘 속 아내단속에 피곤해진 사도는 아내들과의 잠자리를 거부하거나 정해진 아내의 날에 그녀를 찾지 않는 식으로 불편한 심기를 암묵적으로 내비치곤 했다. 그리고 아내들의 질투와 중상모략을 퇴치하기 위해 이혼의 위협도 서슴지 않았다(Stowasser, 1994: 106~113). 이와 관련해 다음과 같이 코란의 계시가 이어진다.

예언자여

그대 아내들에게 일러 가로되

그녀들이 현세의 삶과 허식을 원한다면

이리로 오라

세상을 즐기도록

이혼을 하여줄 것이니

이것은 해가 없는 이혼이라

(코란 제33장 28절)

그가 너희와 이혼한다 하여도

주님께서는

너희보다 더 나은 부인들로

너희 자리를 대체하여 주시나

그녀들은 보다 순종하고

믿음에 충실하며

헌신하고 회개하며 겸손하고

믿음을 위해 이주하며 단식하는

기혼의 여성이거나 미혼 여성들이라

(코란 제66장 5절)

전리품을 탐내며 더 많이 가지려고 다투는 아내들을 위해서는 다음과 같은 계시가 내려졌다.

예언자의 아내들이여

너희 가운데 밖에 드러나는 추악한 짓을 하는 자에게는

그분께서 두 배의 벌을 내리시니

그러한 일은 하나님께 쉬운 일이라

그러나 너희 가운데 하나님과 선지자께 순종하며

선을 행하는 자에게

그분은 두 배의 보상을 줄 것이요

또한 은혜로운 양식을 그녀를 위해 준비하였노라

(코란 제33장 30~31절)

이처럼 잘 공개되지 않은 사도의 아내들 이야기를 통해 이슬람 역사를 재구성하는 것은 매우 흥미롭다. 그러나 앞서 언급한 것처럼 애석하게도 아랍인의 문화가 구전 문화 중심이라는 점에서 사도의 아내들에 대한 자료는 그리 많지 않다. 그나마 제한적인 상황에서 사도의 아내에 대해 연구한 몇 권의 책이 없었더라면 초기 이슬람 사회 내부, 그리고 하렘에서의 여성의 삶에 대한 이해는 더욱 요원했을 것이다.

08

무슬림 여성에게
청결이란 어떤 의미인가

청결에 대한 무슬림의 인식과 청결 관련 의식

하디스에는 "청결은 신앙의 반이다"라는 구절이 있다. 이 구절에서 알 수 있듯이 무슬림은 몸을 씻고 닦는 데 상당한 공을 들인다. 이슬람 문화권의 청결 과정은 배출과 세정을 통해 몸을 비우고 깨끗이 하는 것, 그리고 이후 몸을 향기롭게 하는 것까지 포함된다. 이슬람에서는 인간의 몸에서 나오는 모든 가스, 액체, 고체를 오염된 것으로 간주한다(Bouhdiba, 2004: 45). 즉, 방귀, 소변, 대변, 생리혈, 정액, 피 등 모든 것을 불결한 것으로 본다. 청결에 대한 이러한 문화적 인식 때문에 이슬람 문화권에서는 향수 문화가 특히 발달했다. 무슬림은 몸에 대한 청결 과정을 내면을 정화시키는 것으로 간주한다. 그들은 이러한 과정을 통해 언제나 알라를 섬길 수 있는 청결한 상태가 된다고 믿는다. 또한 몸이 오염되거나 불결해질 경우 세정을 통해 다시 청결한 상태로 되돌아갈 수 있다고 본다. 청결한 상태로 돌아가는 방법에는 일정한 의식이 따르며, 이를 통해 무슬림은 몸과 영혼을 원래의 순결한 상태로 되돌릴 수 있다고 본다. 이슬람에서 묘사하는 청결의 방법은 상당히 꼼꼼하고 정확하며 복잡해, 때로는 힘든 일로, 그리고 수행의 일부로 간주된다.

　몸에 대한 청결은 크게 세 가지로 분류된다. 첫째는 '우두*wudu*'로 불리는 작은 청결 의식이 있다. 우두는 몸의 일부를 씻는 것으로 아랍어 사전인 『리산 알 아랍Lisān Al-'arab(아랍인의 혀)』에 따르면 '깨끗한', '순결한', '아름다움'의 뜻이 내포되어 있다. 씻는 방법으로는 손을 세 번 씻고, 입을 헹구고, 코를 세 번 씻는다. 무함마드는 코의 청결을 특히 중시 여겼고, 누구든 자고 일어나면 세 번 코를 닦으라고 권고했다. 이는 악마가 밤새 코 안에서 지냈기 때문이다(Swarup, 2002: 26). 그다음으로 얼굴을 세 번, 오른쪽 팔을 팔꿈치까지 세 번, 왼쪽 팔을 팔꿈치까지 세 번, 그리고 머리를 닦고 그의 오른쪽 발을 발목까지 세 번, 왼쪽 발을 발목까지 세 번 씻는다. 모든 세정 행위는 오른쪽에서 시작해 왼쪽으로 끝이 나는데, 이슬람 관습에서는 오른쪽은 깨끗하고 왼쪽은 불결하며 오염되었다고 믿기 때문이다. 코란에도 청결 과정에 대해 자세히 언급되어 있다.

　　믿음을 가진 자들이여
　　예배드리려 일어났을 때
　　너희 얼굴과 두 손을 팔꿈치까지 씻을 것이며
　　머리를 쓰다듬고
　　두 다리를 발목까지 닦을 것이니
　　너희가 또한 불결하였다면

깨끗이 하라

또한 너희가 병중에 있거나

여행 중에 있거나

화장실에 다녀왔거나

여성을 만졌는데 물을 찾지 못했을 때는

깨끗한 흙 위에 따얌뭄을 하고

너희 얼굴과 두 손을 씻으라

하나님은 너희가 곤경에 있는 것을

원치 아니하시나

너희 자신들을 청결케 하고자 하심이라

그분의 은혜를 너희에게 충만케 하려 하시매

너희는 감사해야 되니라

(코란 제5장 6절)

다음으로 '구슬*ghusl*'이라고 불리는 몸 전체를 씻는 세정 행위가 있다. 이슬람의 섹슈얼리티 문화를 소개한 부디바는 전신을 씻는 행위를 주로 남녀의 육체적 관계 전후에 하는 의식으로 소개하고 있다. 그리고 마지막으로 '따얌뭄*tayammum*'이라는 세정 방식이 있는데, 이는 물이 없을 때 하는 세정 행위이다(Bouhdiba, 2004: 45). 무슬림들은 물과 함께 흙과 불을 정화의 요소로 보며, 기도하기 전에 씻을 물을 찾지 못했을 때 또는 상처가 있어 물을 묻힐 수가 없을 때 흙, 모래, 그리고 돌멩이 등으로 대체해 세정을 행했다. 흙이나 모래로 세정할 때 양 손바닥을 모래, 흙, 자갈, 돌 등에 살짝 댄 후 묻은 먼지를 털어버리고 얼굴을 한 번 쓰다듬은 다음에 양 손바닥으로 비빈다. 이 밖에도 이슬람 도래 이전부터 존재했던 칫솔인 미스와크*miswaak*를 이용해 이를 닦는 행위, 코를 씻거나 입을 헹구는 행위, 소변이나 대변 등 생리 현상을 해결한 뒤 돌이나 마른 흙, 물 등으로 씻는 행위 등이 세정의 범주에 포함된다. 세정의 횟수는 3회 이상 홀수로 마쳐야 하는 것이 특징이다. 그런데 개의 타액이 몸에 묻었을 때는 정화의 강도를 높이기 위해 손을 일곱 번 이상 씻어낸다. 이슬람에서 개는 혐오 동물로 간주되기 때문이다. 개 혐오 문화는 이슬람보다는 아랍 문화에 그 뿌리를 두고 있다. 이슬람이 태동할 당시 아랍인들은 개를 ― 특히 검은 색 ― 악마의 화신으로 여겼으며, 개는 아랍인들 사이에서 흉조의 상징이었다. 아랍 문화의 개에 대한 편견은 이슬람 문화에 그대로 반영되어 계승되고 있다. 그래서 무슬림들은 개가 있는 집에는 천사가 들어오지 않는다고 믿으며, 집 안에서 애완견을 키

• 미스와크는 '사카*saaka*'에서 파생된 단어로 '문지르다' 또는 '비비다'라는 뜻이다. 주로 올리브와 호두나무의 가지가 미스와크용으로 많이 사용되었는데 아랍인은 이 나뭇가지로 이를 문지르거나 이 사이에 낀 음식물을 제거했다. 단단한 나뭇가지를 무르게 만들기 위해 장미수에 적신 다음 물러지면 끝을 살짝 깎아내 사용했다고 한다. 이러한 치아 관리 전통은 사실 이슬람 시대 이전 아랍인의 관습에서 유래된 것이다. 사도 무함마드의 언행록인 하디스에 따르면 무함마드는 특히 금식을 행할 때에는 셀 수 없을 정도로 자주 미스와크를 했다고 알려져 있다. 그는 다른 무슬림에게도 미스와크로 입안을 청결히 하고 기도에 임하라고 권했다고 한다. 이를 청결히 하는 것은 마음을 강건하게 하는 것이기 때문이다. 양치와 관련된 아랍 무슬림의 전통에서만 보더라도 아랍인의 위생 관념은 생각보다 철저하다는 것을 알 수 있다. 미스와크는 오늘날에도 사용된다. 실제로 미스와크의 효능은 의학적으로 입증된 바 있는데 잇몸병을 유발하는 박테리아와 플라그를 제거하고 입안의 악취를 없애는 데 효과적이다. 선물용으로 자주 교환되는 품목이다(엄익란, 2011: 154~156).

우는 경우는 드물다(엄익란, 2009: 92). 무슬림들은 배출 방식에도 특정한 방식이 있다. 배출의 방향이 이슬람의 성지가 있는 메카 방향을 향해서는 안 되며, 또한 성스러운 오른손을 사용해서는 안 된다.

이슬람 지역의 함맘 문화

몸의 청결을 중시하는 이슬람 문화권은 목욕 문화가 발달했다. 이슬람에서는 목욕탕을 '함맘hammam'이라 부른다. 이슬람 지역의 섹슈얼리티를 소개한 부디바에 따르면 함맘은 순결과 불결이 같이 공존하는 공간이며, 섹슈얼리티의 중심 공간이다. '씻는다', '목욕한다', 또는 '함맘에 간다'라는 표현은 바로 사랑을 위해 몸을 준비하거나 사랑을 나눈 뒤 몸을 다시 깨끗하게 정화한다는 의미가 내포되어 있기 때문이다. 즉, 청결에는 암묵적으로 에로티시즘의 의미가 내포되어 있다는 것을 알 수 있다. 이와 같이 함맘에 부여된 이중적 의미 때문에 함맘에서 '비스밀라bismillah(신의 이름으로)'라는 표현을 사용하긴 하지만 코란을 암송하는 것은 권장하지 않는다(Bouhdiba, 2004).

함맘은 이슬람 제국에서 제도화되고 이슬람 지역 전반에 걸쳐 넓게 퍼졌다. 부디바는 저서 『이슬람의 섹슈얼리티Sexuality in Islam』(2004)에서 중세 이슬람 지역의 함맘 문화에 대해 자세히 전한다. 이슬람 제국의 부흥기였던 10세기 바그다드에는 약 2만 7000여 개의 함맘이 있었으며, 코르도바에는 5000~6000개 정도가 분포되어 있었다. 로마의 공중목욕탕이 도시에 집중적으로 지어져 있었다면 함맘은 전국에 걸쳐 있었다. 바그다드 주민 약 50명당 한 개꼴로 함맘이 건설되었던 것이다(Bouhdiba, 2004: 159~195). 이슬람 문명은 로마가 멸망한 후 로마의 목욕탕 유산을 받아들였다. 실제로 지중해에 접해 있는 아랍 지역에 가보면 로마 유적지를 흔하게 볼 수 있다. 그러나 로마의 목욕 문화를 수용한 무슬림들은 자신의 문화코드에 맞게 목욕 문화를 변형해 발전시켰다. 로마 목욕탕과 이슬람 함맘의 가장 큰 차이는 스포츠와 같은 향락의 요소는 없어지고 종교적인 색채가 더 짙게 나타난다는 점이다. 또한 로마 목욕탕은 남녀 공용이었으나 이슬람의 함맘은 처음부터 성에 따라 분리되었다. 그래서 남성과 여성 이용자들은 별도의 공간에서 세정 의식을 행했으며, 공간의 분리가 여의치 않은 경우에는 입장 시간을 구별해 이성 간 접촉을 최소화했다.

함맘 문화에는 중세 무슬림이 행했던 세정 의식인 단순하게 몸을 담그고 씻고 떠나는 장소 이상의 사회적 의미가 내포되어 있다. 사람들은 함맘에서 긴 시간을 보내며 그 안에서 다양한 미용과 의료 행위, 그리고 사교활동을 벌였다. 그래서 중세 함맘 문화를 묘사한 부디바의 저서를 통해 무슬림의 위생관이나 사교 방식, 그리고 아름다움을 어떻게 표출했는지 단서를 찾을 수 있다.

남성들의 함맘에 들어서면 출입구 옆에 옷을 벗는 곳이 마련되어 있다. 함맘의 수준에 따라 바닥에는 실크로 된 매트가 깔려 있거나 멍석 또는 바구니를 만들 때 쓰는 거친 등심초 매트가 깔려 있다. 그리고 탈의실 옆에는 탕이 마련되어 있다. 탕은 온도에 따라 냉탕, 온탕, 열탕으로 구분된다. 이곳을 지나면 개인이 세정을 할 수 있는 작은 공간이 있으며, 땀을 흘릴 수 있도록 덥고 건조한 방, 스팀 사우나 실 등이 마련되어 있다. 로마의 목욕탕에 작은 상점, 체육 시설, 휴게실, 마사지 룸, 도서관과 박물관 등이 마련되어 사교의 중심지가 되었던 것처럼 함맘도 세정, 미용, 의료, 사교를 위한 복합 공간으로 진화했다. 마사지실에서는 뼈를 다루는 전문가와 근육을 풀어주는 마사지 전문가, 그리고 이발사가 상주했다. 이발사는 남성의 상징인 수염과 머리를 다듬고, 광채를 내주고, 염색을 해주며, 향기를 입히는 일을 주로 맡았다. 그뿐 아니라 칼을 잘 다룰 수 있었기 때문에 간단한 외과 수술도 도맡아했다. 남자들의 할례도 종종 함맘에서 행해졌다. 이발사는 칼이나 부황 기계 혹은 거머리를 이용해 절개된 부분에서 나쁜 피를 빼곤 했다. 또한 함맘에는 비전문 의사, 마법사, 약초 재배자 등이 있었다. 즉, 함맘은 위생, 치료, 미용 이상의 복합 공간이었으며, 신체와 정신의 정화를 위한 공간이었던 것이다.

여성에게 함맘은 더욱 특별한 의미를 지닌다. 하렘이라는 제한된 공간에 갇혀 생활하는 무슬림 여성들에게 함맘은 진정한 사교활동의 장이다. 여성들은 도시락을 지참해 하루 종일 함맘에서 머물며 이웃과 정보를 나누고 자신의 몸을 관리한다. 여성들은 함맘에서 자신의 보석과 옷을 보여주며 자랑하기도 한다. 간혹 함맘에서 자녀의 신랑감이나 신붓감을 찾아 인연을 맺기도 한다. 13세기와 14세기 바그다드에 거주하는 무슬림 여성의 함맘 외출을 재현한 부디바의 묘사를 살펴보면 다음과 같다.

아침 일찍 한 여성이 여종을 동반해 마차를 타고 함맘에 도착한다. 그녀의 청동 박스에는 세면도구와 간식거리가 있다. 여기에는 장갑, 칫솔, 빗, 크림과 연고, 향수, 수건, 옷, 오렌지, 찐 달걀, 오렌지 꽃 우린 물, 아몬드

시럽, 그리고 레몬에이드가 있다. 그녀는 탈의실에서 옷을 벗은 뒤 옆에 붙어 있는 개인 방으로 가서 땀을 빼 몸의 노폐물을 제거한다. 한 시간가량이 지나면 울wool로 된 장갑으로 때를 벗기고 마사지를 한다. 머리를 감은 뒤 나일 강이나 아르메니아산 진흙으로 팩을 시작하고 발의 굳은살을 제거하기 위해 돌로 발바닥을 문지른다. 머리를 헹군 뒤 헤나 염색을 한다. 이렇게 오전을 보내면 청동 박스에 담긴 음식을 주위 사람들과 나눠 먹으며 수다를 떤다. 이후 체모 제거가 시작된다. 몸의 털은 레몬과 꿀을 섞어 만든 액체를 겨드랑이, 목, 다리와 음부에 붙여 마를 때까지 기다린 후 단번에 떼어내는 방식으로 제거한다. 이 액체는 '아지나 *ajiynah*'라고 불리는데 지금까지도 아랍 여성에게 사랑받는 제모 방식이다.

오후에는 얼굴을 집중적으로 관리한다. 마사지를 하고 실크로 된 두 줄의 실을 서로 꼬아 얼굴에 문질러 털을 제거한다. 제모 후에는 얼굴에 메이크업을 한다. 치아의 색깔을 하얗게 보이도록 잘게 부순 달걀 껍데기로 치아를 문지른다. 이때 달걀 껍데기 대신 야채 가루를 사용하기도 한다. 그리고 빈랑나무betel nuts 껍질이나 호두 껍데기를 씹어 치아를 닦아낸다. 다음으로 파운데이션 크림을 얼굴 전체에 도포해 피부를 하얗게 만든다. 그리고 크고 매력적인 눈을 만들기 위해 전통적인 눈 화장 재료인 코홀kuhul을 이용해 아이라인을 강조한다. 얼굴 관리가 끝나면 이제 마지막으로 몸에 향을 입힌다. 향의 재료로 가장 많이 쓰이는 것은 앰버amber, 사프론saffron, 카모마일camomile이나 바이올렛violet의 추출액, 사향麝香과 백단유sandalwood, 도금양myrtle, 그리고 각종 꽃 추출액(재스민jasmine, 제라늄geranium, 월계수 또는 들장미, 일랑일랑ylangylang)이 있다. 향을 입히는 것을 마지막으로 몸의 정화 과정이 끝나고 해가 뉘엿뉘엿 질 때 여성은 집으로 돌아온다. 의료, 미용, 사교를 포함한 함맘의 사회적 기능은 오늘날 한국의 목욕탕 문화와 상당히 유사해 친근감까지 느껴진다.

여성의 생리는 불결한 것

인간의 모든 분비물을 오염된 것으로 간주하는 이슬람교에서 여성의 생리혈을 불결하게 여기는 것은 당연한 이치이다. 여성이 생리 중일때 부부 관계를 피해야 하고, 기도와 성지순례가 금지되며, 코란을 읽는 것도 금지된다. 이와 관련된 코란 구절은 다음과 같다.

사람들이 그대에게

여성의 생리에 관해 묻거든

이는 깨끗한 것이 아니라 일러 가로되

생리 중에 있는 여성과 멀리하고

생리가 끝날 때까지 가까이 하지 말라

그러나 생리가 끝났을 때는 가까이 하라

하나님의 명령이니라

하나님은 항상 회개하는 자와 함께 있으며

청결을 기뻐하시니라

(코란 제2장 222절)

사도 무함마드의 언행록인 하디스에도 여성의 생리에 대해 여러 차례 언급되어 있다. 사도 무함마드는 아내들의 생리 기간 중에는 관계를 맺지 않았다고 전하고 있다. 아이샤의 생리 기간에 사도는 그녀의 무릎을 베고 코란을 암송하거나 같이 누워 있기도 했으며, 가벼운 키스로 애정을 표현하기도 했다. 이슬람교뿐 아니라 유대교도 아내가 생리 중일 때 성관계를 포함한 모든 접촉을 금하고 있다. 그래서 일부 무슬림은 자신들은 유대교와 구별되어야 한다며 성관계를 허락할 것을 요구했으나 사도는 이를 허용하지 않았다고 전한다(Swarup, 2002: 30~32).

체모에 대한 남성의 권력과 제모에 대한 여성의 복종

이슬람 문화권에 존재하는 남성성과 여성성에 대한 이분법적인 시각은 인간의 체모에 대한 인식에도 반영된다. 남성은 수염, 즉 체모를 통해 자신의 남성성과 힘, 그리고 권력을 과시하는 반면 여성은 제모를 함으로써 가부장 권력에 복종하고 순종한다. 체모에 대한 문화적 규정을 어길 때, 즉 매끈하게 면도한 남자는 '남자도, 그렇다고 여자도 아닌' 사람으로 취급되며 체모가 있는 여성은 '남성의 형제'라 불리며 놀림거리가 되곤 한다.

무슬림 남성의 수염에 대한 강박관념을 보여주는 단적인 예로 아프가니스탄의 수염 관련 법을 들 수 있다. 탈레반 정권이 들어서면서 아프가니스탄 정부는 모든 국민이 수염을 기르도록 법으로 규정하고 있다. 무슬림 남성의 수염에 대한 집착에는 초기 이슬람 사회의 전통이 깊게 자리하고 있다. 초기 이슬람 사회에서 무슬림 남성의 수염은 특권층을 상징했다. 그래서 무슬림 남성은 수염을 항상 길게 다듬어 부드럽게 빗질하며 관리했다. 수염은 항상 향기를 입혀 좋은 냄새가 났으며 간혹 헤나로 염색도 했다. 아랍 이슬람 문화권에서 수염은 지식, 권위, 지혜, 권력, 판단력을 상징했다. 사도 무함마드도 수염 관리에 많은 정성을 들였다고 전해진다(마이어·마이어, 2004: 12). 일반적으로 무슬림들은 사도 무함마드의 시대를 이슬람 역사상 가장 완벽한 시대라고 간주한다. 따라서 그때의 전통을 따르는 것을 최고의 이상과 덕목으로 여기며 명예로운 행위로 간주한다. 이로 인해 오늘날까지도 수염을 기르는 것은 이슬람 역사에서 깨기 힘든 남성의 종교적 전통이 되었다.

부디바에 따르면 중세에는 이성적이고 지적인 남성의 상징으로 수염을 검붉은 색으로 염색했으며, 드문드문하지도, 그렇다고 너무 풍성하지도 않게, 그리고 지나치게 길거나 두껍지 않게 유지했다고 한다. 수염을 통해 남성의 직업도 유추할 수 있었다. 일꾼이나 노예의 수염은 대체적으로 짧기 때문에 알아보기 쉬웠다. 노동을 하는 그들에게 수염 관리는 사치였기 때문이다. 그리고 의사, 교수, 판사, 이맘Imam 등은 수염을 길게 길렀으며, 지혜와 권위의 상징으로 흰색을 선호했다. 군인들은 검은 수염을 양쪽으로 갈라 길러 질서와 규율, 그리고 남성다움을 상징했다. 즉, 남성은 수염을 통해 계층 소속감을 드러냈으며, 자신의 권위와 권력을 타인에게 어필할 수 있었다(Bouhdiba, 2004: 34). 즉, 이슬람 문화권에서 남성의 수염은 타인의 관심을 끌 수 있는 매체였다. 무슬림들은 중세와 마찬가지로 오늘날에도 매끈하고 반들반들하게 면도하는 것을 반종교적 그리고 반남성적인 행위

115

로 인식한다. 일부 남성들은 수염 없는 매끈한 남성의 얼굴을 서구의 소비문화의 관점에서 이해하며, 이에 대한 저항의 의미로 수염을 기르기도 한다. 그러나 최근 IS를 지원하는 사람들이 터키를 통해 시리아로 입국하는 일이 잦아지면서 터키에서 새로운 풍습이 나타났다. 수염이 IS 조직원의 상징이 되면서 터키 남성들이 면도를 하고 있다는 것이다(≪연합뉴스≫, 2015년 1월 23일 자). 이는 무슬림 국가의 수염에 대한 해석이 시대적 상황에 따라 달리 적용됨을 보여주는 사례이다.

무슬림 남성의 수염 속에 남성성과 종교성, 그리고 더 나아가 반서구 저항 의식이 용해되어 있는 반면 여성의 체모에는 성을 권력화하는 가부장 사회의 여성 지배 이데올로기가 내재되어 있다. 즉, 남성성을 상징하는 체모를 제거하지 않는 것은 성에 대한 명확한 구분을 애매하게 만들며 그 경계를 혼란시키는 것이다. 따라서 무슬림 여성은 자신의 성 정체성을 더욱 확고히 표현하기 위해 제모를 한다. 여성들이 제모를 하는 또 다른 이유는 여성의 체모가 타인에게 거북함과 불쾌감을 주기 때문이다. 여성의 체모는 더러움과 오염의 근원으로 인식되며 이는 수치와 연결된다. 이 때문에 무슬림 여성들은 더욱 여성스럽게 보이기 위해, 그리고 청결한 이미지 유지를 위해 정기적으로 미용실을 찾아가 체모를 정리한다. 단 애도 기간 중인 여성은 체모의 관리로부터 자유롭다.

09

무슬림 사회,
왜 베일에 집착하는가

사우디아라비아 국왕 조문 시 히잡을 착용하지 않은 미셸 여사,

외교적 결례인가 계산된 도발인가

2015년 1월 27일 버락 오바마 미국 대통령과 부인 미셸 여사는 타계한 압둘라 사우디아라비아 국왕의 조문차 리야드를 방문했다. 이 방문을 두고 여러 언론에서는 미셸 여사의 외교적 결례에 대해 두 가지 사항을 지적하고 있다. 외국 여성에게도 자국의 전통 의상을 강제하는 사우디아라비아에서 일국의 영부인이 히잡을 쓰지 않고 조문에 참석했다는 것과 관습법에 의해 남녀가 철저히 분리된 사회적 분위기를 고려하지 않고 신임 살만 국왕과 악수를 한 것이다. 이를 두고 일각에서는 사우디아라비아의 여성 인권 문제를 도발하기 위한 미셸 여사의 계산된 행위라고 분석하기도 한다. 그러나 당시 방문의 규모와 배경을 보면 그런 의도는 없어 보인다. 인도 방문 중에 압둘라 국왕 타계 소식을 접한 오바마 대통령은 외교 일정을 줄여가며 조문

압둘라 국왕 타계 조문차 사우디아라비아를 방문한 오바마 미국 대통령 부부
© wikipedia.org

에 참석했다. 게다가 미국 외교가를 주름잡는 '외교 거물'들과 함께 총출동
했으며, 사우디아라비아 내 예민한 인권 문제에 대해서는 함구했다. 이는
조문을 통해 미국 정부가 사우디아라비아와의 전통적인 우호 관계를 대내
외에 더욱 확고히 알리려 했음이 드러나는 대목이다. 이런 상황에서 개인
도 아닌 한 국가의 영부인 의전과 관련해 양국의 사전 합의가 없었다는 점
은 난센스다. 실제로 과거 사우디아라비아를 방문했던 로라 부시 여사(2007
년), 콘돌리자 라이스 전 국무장관(2007년), 앙겔라 메르켈 총리(2010년), 힐
러리 로댐 클린턴 국무장관(2012년) 등은 히잡을 쓰지 않고 사우디아라비아
국왕을 예방했던 사례가 있었다. 당시 조문을 보도한 한 언론에 따르면 조
문을 위해 사우디아라비아를 방문한 미셸 여사가 히잡을 쓰지 않고 국왕과

금기, 무슬림 여성을 엿보다

악수를 한 사실이 언론 보도를 통해 알려지면서 트위터에는 미셸 여사의 외교적 무례를 지적하는 비판 글이 2500건 정도 게재되었다고 한다. 그러나 이는 트위터 팔로잉이 상대적으로 활발한 사우디아라비아에서 그리 많은 숫자는 아니라고 한다(≪연합뉴스≫, 2015년 1월 29일 자). 즉, 사우디아라비아 내부에서는 상대적으로 미셸 여사의 히잡 미착용에 대해 큰 반응이 없다는 점을 알 수 있다.

히잡을 바라보는 아랍의 시각

이슬람 지역에서 무슬림 여성이 두르는 베일 스타일에는 여러 가지가 있다. 아프가니스탄 여성들이 주로 쓰는 '부르까burqa', 걸프 지역에서 쓰는 '차도르Chador'와 '아바야Abayah'(사실 아바야는 걸프지역 여성들이 입는 검은색 옷을 뜻하며 머리에 쓰는 베일은 '쉴라Shayla'라고 부른다), 가장 대중적인 스타일인 머리카락과 귀를 가린 '히잡Hijab', • 그리고 동남아시아 무슬림 여성들이 즐겨 입는 방식인 허리까지 가리는 '키마르Khimar'가 있다. 보수적인 여성들은 눈을 제외한 얼굴 부분을 '니깝Niqab'으로 가리고 장갑까지 착용해 최대한 자신의 몸을 가린다(표 9-1 참조). 2014년 퓨 리서치 센터는 이슬람 지역

• 사전적 의미로 히잡은 아랍어의 '하자바*hajaba*'라는 동사에서 나왔으며, 그 뜻은 '덮다' 또는 '가리다'이다. '가리개'라는 뜻에서 유래한 히잡은 오늘날 아랍 여성들의 머리카락을 가리는 베일을 지칭하는 보통명사가 되었다.

표 9-1 **공공장소에서 적당한 여성의 의상 스타일에 대한 설문** (단위: %)

구분	부르까	니깝	아바야	히잡		키마르
베일 스타일						
튀니지	1	2	3	57	23	15
이집트	1	9	20	52	13	4
터키	0	2	2	46	17	32
이라크	4	8	32	44	10	3
레바논	3	1	3	32	12	49
파키스탄	3	32	31	24	8	2
사우디아라비아	11	63	8	10	5	3

자료: Pew Research Center (2014).

여성들이 입는 다양한 형태의 베일 이미지를 카드로 만들어 이슬람 국가를
대상으로 공공장소에서 어떤 의상이 가장 적합한지 설문 조사를 했다. 설
문 대상 국가에는 튀니지, 이집트, 터키, 이라크, 레바논, 파키스탄, 사우디
아라비아, 이렇게 7개국이 선정되었다. 설문 결과를 살펴보면 대부분의 국
가에서 너무 보수적이지도 않고 그렇다고 너무 개방적이지도 않은 중도 성
향의 히잡 스타일을 가장 선호하고 있음을 알 수 있다. 또한 "여성이 본인의
의상을 선택할 수 있어야 하는가"라는 질문에 대해 튀니지인 56%, 터키인
52%, 레바논인 49%, 사우디아라비아인 47%, 이라크인 27%, 파키스탄인
22%, 이집트인 14%가 "그렇다"라고 답했다. 즉, 무슬림들은 히잡 착용을
선호하지만 의상 선택의 자유도 인정하고 있음을 알 수 있다. 이러한 맥락
에서 사우디아라비아 내부에서 미셸 여사의 조문 의상에 별다른 반응을 보
이지 않은 이유를 이해할 수 있겠다.

히잡을 바라보는 외부의 시선

그런데 이슬람 사회 외부에서 히잡을 바라보는 시각은 그리 좋지 않다. 이는 9·11 사태 이후 알카에다Al-Qaeda, 보코하람Boko Haram, 최근에는 IS 등 이슬람과 관련된 테러가 증가하면서 반反이슬람 정서가 전 세계적으로 확산되었기 때문이다. 특히 무슬림 여성이 반이슬람 정서의 표적이 되고 있다. 이와 관련해 2014년 영국 테시드Teesside대학교에서 행해진 연구 결과에 의하면 무슬림 여성은 의상 때문에 무슬림 남성보다 더 자주 이슬람 혐오주의 관련 범죄에 노출된다고 한다(Albawaba, 2014년 6월 29일 자). 이 연구에 의하면 이슬람 혐오 관련 범죄 피해자의 54%는 여성이며, 가해자의 80%는 10대와 30대 사이의 남성이라고 한다. 일반적인 혐오 범죄가 남성이 남성에게 가하는 반면 이슬람 혐오 범죄는 남성이 여성에게 가한다는 점에서 특이하다. 이 연구는 낯선 이국땅에 살고 있는 무슬림 여성이 이민자, 여성, 그리고 무슬림이라는 삼중 고통에 노출되어 있음을 보여준다. 또한 종교적 신념에 따라 히잡을 선택한 여성이 이슬람 혐오 범죄로 인해 피해를 입고 있음을 시사한다.

무슬림을 품는 서구 사회

그렇다고 평화와 공존에 대한 희망이 전혀 없는 것은 아니다. 2014년 12월 호주 시드니 마틴 플레이스 린트 초콜릿 카페에서 발생한 인질극을 계

'#같이 타드릴게요'라는 해시태그
© Twitter

기로 호주에서는 반이슬람 정서가 표면화되었다. 사람들은 노골적으로 무슬림을 냉대했으며, 특히 히잡이라는 이슬람의 종교적 상징물을 착용한 힘 없는 이주민 여성이 반무슬림 정서의 피해를 가장 많이 입게 되었다. 이와 함께 호주에서는 종교적인 복장으로 대중교통을 이용하는 데 불안을 느끼는 무슬림을 위해 버스·전철 등을 함께 타주겠다고 자청하는 호주인이 늘고 있다고 한다. 일명 "같이 타드릴게요I'll ride with you"라고 불리는 이 운동은 페이스북에 올라온 한 글에서 시작되었다. 전철 옆자리에 앉은 무슬림 여성이 슬그머니 히잡을 벗는 모습을 본 레이첼 제이콥스는 그 여성을 쫓아가 "다시 쓰세요. 제가 옆에서 같이 걸을게요"라고 말했다. 그 말을 듣자 무슬림 여성은 울음을 터트리면서 제이콥스를 포옹한 뒤 혼자 걸어갔다. 이후 이 사연을 접한 테사 쿰은 트위터를 통해 이 사실을 알렸으며, 무슬림 여성을 도우려는 움직임은 삽시간에 전 호주로 퍼졌다.

그렇다면 신변의 위협을 느끼면서까지 무슬림 여성들은 도대체 왜 베일을 쓰는 것일까? 베일의 기원과 스타일에 대해 알아보도록 하자.

• 트위터에서 '#특정단어' 형식으로 특정 주제를 쉽게 검색할 수 있게 한 기능이다.

베일, 이슬람 역사 속에서 어떻게 정착되었나

무슬림 여성의 베일 착용 전통은 이슬람의 아주 오래된 전통으로 알려져 있다. 그러나 베일은 이슬람 도래 이전부터 있었던 의상의 형태로 이슬람이 그 문화의 발원지는 아니다. 이슬람 이전 베일 문화의 발원과 그 확산 과정은 잘 알려져 있지 않으나, 함무라비 법전에서는 이를 셈족의 전통 중 하나로 규정한다(Hitti, 1961: 192). 함무라비 법전에 따르면 일반 여성이 노예나 매춘부로부터 자신의 신분을 구별하기 위해 베일을 썼다고 한다. 이 전통은 수메르-바빌론 문화를 거쳐 아시리아까지 계승되었다. 특히 아시리아 법에 베일에 대한 규정이 자세히 나타나 있다. 영주의 아내와 딸은 반드시 베일을 착용했고, 주인을 동행하는 첩이나 결혼한 매춘부 역시 베일을 착용했다. 그러나 독신의 신분을 유지하며 한 남성에게 소속되지 않은 매춘부와 노예는 베일을 착용할 수 없었다. 이러한 의복 규정을 어길 시 태형이나 투석형 또는 귀가 잘리는 벌을 받았다고 한다. 즉, 당시 베일은 자유인 여성의 신분을 상징적으로 보여주었을 뿐 아니라 노예나 매춘부에게 착용을 금함으로써 여성의 정조를 일반에게 공표하는 매체로도 사용되었다(Ahmed, 1992: 14). 여성의 베일 착용과 격리 문화는 당시 메소포타미아, 이라크, 페르시아, 지중해 북부 지역에 만연했다. 당시 이 지역 여성은 공적인 장소에 보여서는 안 되는 존재였으며, 목욕탕이나 결혼, 출산, 종교 행사에만 참여할 수 있었다. 그리고 여성이 공적 장소에 모습을 보일 때는 항상 베일을 착용해야 했다.

베일 착용의 전통은 아랍 셈계의 후손들에게 전해져 내려왔고, 이들은 7

세기 이슬람을 받아들인 이후에도 자신들의 문화로 계승해나갔다. 이슬람교의 예언자 사도 무함마드는 기존 사회에 존재하던 전통과 관습에 알라로부터 받은 계시를 바탕으로 새로운 사회질서를 재편했다. 이슬람에서 베일을 받아들인 것도 바로 이러한 배경에서 이루어진 것으로 추정된다. 앞에서 언급한 사도의 아내 자이납의 일화가 이를 잘 보여준다. 이슬람에서 종교적 의미가 부여된 베일을 처음 쓴 여성은 사도 무함마드의 아내 아이샤로 알려져 있다(Ahmed, 1992: 43). 다음의 일화는 이슬람 도래 이후 베일 착용 문화가 이슬람 종교 문화에 수용된 과정을 보여준다.

히즈라 5년경 사도와 지도자로서 무함마드의 지위가 확고해져 갔다. 그는 다양하고 수많은 방문객들을 맞이했다. 방문객들은 사도와 대화를 나눌 수 없을 때 사도의 부인들과 종종 대화를 나누었다. 비공식적인 장소에서 위선자들은 때때로 사도의 부인을 모욕했고 이후 사도의 부인을 노예로 착각했다고 변명했다. 이런 일이 빈번해지자 사도를 따르는 무리들은 무함마드에게 사도의 부인들을 분리시키라고 촉구했다.

이 일화에 의하면 베일 착용에는 다음과 같은 의미가 부여된다. 첫째, 여성은 불신자들의 모욕과 희롱을 피하기 위해 베일 착용을 시작했다. 그러나 베일은 여성을 억압하는 수단이 아니라 여성을 보호하기 위한 장치였다. 둘째, 사도의 아내인 아이샤가 이슬람 역사에서 처음으로 베일을 썼던 여성으로 간주되는 만큼 베일에는 존경, 정숙, 겸손의 의미가 배어 있다 . 그러나 무슬림 여성의 베일 착용 출발점이 여성 내부의 자발적 의도가 아니라 남성이었기 때문에 베일 착용과 여성의 자유에 대한 논란은 이슬람 페미니스트 사이에 풀어야 할 과제로 남아 있다.

베일이 이슬람의 전통으로 수용된 이래 그 스타일은 시대의 유행에 따라 변화했다. 또한 베일의 스타일은 이슬람 법학파의 해석에 따라 영향을 받기도 한다. 일반적으로 하나피Hanafi와 말리키Maliki 학파가 베일 착용에 대해 관용적인 입장을 취하는 반면, 샤피Shafi'i와 한발리Hanbali 학파는 엄격한 입장을 고수한다. 그러나 다음 조건에 대해서는 모든 법학파가 동의한다(엄익란, 2009: 179). 첫째, 베일은 몸 전체를 덮어야 한다. 둘째, 베일이 투명해 살이 보여서는 안 된다. 셋째, 어떤 베일이든지 유혹의 도구로 사용되어서는 안 된다. 넷째, 베일이 몸에 딱 달라붙어서도 안 된다. 다섯째, 베일이 남자 옷 같아서도 안 된다. 여섯째, 베일이 불신자들의 옷과 비슷해서도 안 된다. 일곱째, 베일로 허례허식이나 허영심을 나타내서도 안 된다. 그러나 오늘날 이슬람 지역에 가보면 법학파의 베일 규정을 모두 따르는 여성은 거의 없다는 것을 한눈에 알 수 있다.

오늘날 무슬림 여성들이 베일을 쓰는 이유

무슬림 여성들이 베일을 착용하는 이유는 다양하다. 우선 무슬림 여성은 자신의 종교적 정체성과 경건함을 나타내기 위해 베일을 쓴다. 무슬림 여성들은 베일을 씀으로써 이슬람교라는 종교 안에 하나 되는 동질감과 소속감을 느낀다. 일부 여성들은 라마단 기간에만 경건의 의미로 베일을 착용하며 그 이외의 기간에는 착용하지 않기도 하는데, 이는 오늘날 베일의 착·탈이 상당히 유연해졌음을 시사한다. 또한 성적으로 개방적인 서구 문화와 반대되는 이슬람 혹은 동양의 정숙하고 깨끗한 문화적 전통을 표현하기 위해 베일을 쓰기도 한다. 베일에는 전통적으로 정숙의 의미가 부여되어왔기 때문이다. 또한 일부 무슬림 여성들은 거리나 직장 등 공공장소에서 빈번히 발생하는 성희롱으로부터 자신을 보호할 목적으로 베일을 쓰기도 한다. 베일을 쓴 여성은 암묵적으로 도덕적인 여성으로 인식되는 사회 분위기에서 남성들의 접근을 차단할 수 있기 때문이다. 아이러니하게도 베일에 부여된 정숙이라는 사회적 합의로 무슬림 여성들은 오히려 행동의 자유를 얻을 수 있다. 그래서 베일을 쓴 여성은 베일을 쓰지 않은 여성에 비해 남성들의 시선을 의식하지 않고 길거리와 직장을 포함한 공공장소에서 자유롭게 활동할 수 있다. 결혼 적령기에 다다른 여성이 — 이전에는 베일을 쓰지 않았다 하더라도 — 전략적 차원에서 남성에게 정숙한 이미지를 보여주기 위해 베일을 쓰기도 한다.

종교적·문화적·실용적인 의미 이외에도 베일에는 정치적인 저항의 의미 또한 내포되어 있다. 그 예로는 알제리 독립 전쟁 기간(1954~1962년)에 프랑스로부터 독립하기 위해 베일을 착용한 알제리 여성이나 걸프 전쟁(1991년) 당시 이라크의 침략에 대항해 베일을 쓰고 독립운동을 벌인 쿠웨이트 여성이 있다. 전쟁 기간에 베일을 쓴 여성들은 검문 대상인 남성을 대신해 무기, 돈, 중요 문서, 의약품, 음식물을 감추어 나르면서 반전운동에 참여했다. 그 밖에 오늘날 많은 여성이 미적 표현의 한 수단으로 베일을 이용하기도 한다. 베일은 21세기 새로운 패션코드로 등장했으며 베일의 다양한 매듭 스타일이나 문양 그리고 옷감이 이를 말해준다. 신앙과 패션 감각을 융합한 이 여성들은 자신을 '힙스타 히자비 hipster hijabis'로 지칭한다(*Mohave Daily*

126
금기, 무슬림 여성을 엿보다

News, 2014년 10월 8일 자). '힙스타'는 인터넷 상의 은어로 패션을 선도하는 중산층 젊은이들을 지칭한다.

힙스타 히자비들은 보수적인 베일의 드레스 코드를 재해석해 새로운 패션 트렌드를 창출하고 이슬람의 틈새시장을 공략하고 있다. 일부 글로벌 브랜드의 디자이너들도 이러한 트렌드에 부응하고 있다. 최근 DKNY는 라마단 기간에 걸프 지역 단독으로 새로운 콜렉션을 선보였다. 독일 출신의 유명한 패션 디자이너 칼 라거펠드Karl Lagerfeld 역시 두바이에 새로운 샤넬 컬렉션을 선보였다. 이러한 '힙스터 히자비' 움직임은 젊은 무슬림 세대의 소비문화코드에 부응하는 이슬람의 새로운 소비문화를 양산하고 있다. 전통에 대한 재해석과 도전은 무슬림 세계 내부에서도 발견된다. 눈에 띄는 스타일의 베일을 착용한 여성들은 베일이 여성성을 감추고 미를 덮어버리는 보수적인 의상이라 생각하지 않는다. 그들은 다채로운 스타일의 베일을 연출함으로써 전통과 현대, 이슬람과 서구화가 서로 어떻게 조우하는지 몸소 보여주고 있는 것이다.

힙스타 히자비의 히잡 패션
© Hani Hulu (flickr.com)

10

현대 사회의 무슬림 여성과 일,
어떻게 보아야 할 것인가

아랍 세계의 유휴 인력, 여성

2011년 아랍 세계에는 민주화 운동인 '아랍의 봄'이 발발했다. 수십 년 동안 철권 정치를 휘둘렀던 아랍 독재자들에게 대항해 일반 시민들이 봉기한 결과 북아프리카 지역의 독재 정부는 와해되었다. 그러나 리비아, 이집트, 시리아를 포함해 아랍의 봄을 겪은 아랍 국가들의 미래는 여전히 불투명하다. 특히 아랍의 봄은 여성들에게 더욱 악영향을 미쳤다. 아랍의 봄을 평가하는 전문가들의 목소리도 부정적이다. 톰슨 로이터 재단Thomson Reuters Foundation의 2013년 「아랍 세계에서의 여성의 권리Women's rights in the Arab world」 연구에 의하면 아랍의 봄의 가장 큰 피해자를 여성으로 지목한다. 이 조사에 의하면 아랍의 봄을 겪은 아랍 국가 여성의 지위는 크게 하락한 것으로 나타나고 있다. 일례로 혁명 당시 여성들이 가장 적극적으로 참여했던 이집트의 경우 여성 인권 순위가 아랍 국가 중 최하위인 22위를 기록하고 있다. 이집트 여성들은 — 남성들과 함께 사회 변화 운동에 적극 동참했음에도 불구하고 — 혁명 후 공권력에 의해 '처녀성 검사'라는 모욕을 감수해야 했고, 99.3%는 길거리 성추행과 성희롱에 노출되어 있다. 이집트의 예는 남성 중심의 아랍 이슬람 사회에서 여성은 남성의 동반자로 인식되기보다 필요시 조달되고 이용되는, 그리고 불필요할 때는 다시 제자리로 돌려보내지는 '유휴 인력'으로 인식되고 있음을 반영한다. 또한 가부장적 권력 행사가 사적인 영역인 가정의 차원에서 벗어나 공적이고 제도적인, 즉 정부 차원으로 행사되는 '국가 가부장제State Patriarchy'의 전형적인 예를 보여주고 있다.

불행히도 아랍 세계에서 행해지는 국가 차원의 가부장적 권력 행사의 예는 이번이 처음이 아니다. 아랍의 역사를 보면 이러한 현상은 되풀이되고 있다. 일례로 아랍의 근대사를 보면 프랑스 식민 지배에 대항해 남성과 함께 사투를 벌인 알제리 여성의 경우 민족주의 항쟁 이후 이슬람의 전통이라는 이름으로 '여성 본연의 자리'로 돌아갈 것을 강요받았다. 또한 걸프 전쟁 당시 이라크에 대항해 '가시적으로visible' 독립운동을 벌였던 쿠웨이트 여성들도 전쟁이 끝나자 다시 '보이지 않는invisible' 여성의 영역으로 돌아갔다. 그 밖에도 1970년대 산업화와 현대화를 추진하던 이집트에서는 당시 사우디아라비아로 송출된 남성 노동력을 대체하기 위해 국가가 적극적으로 나서서 여성 인력을 활용했으나, 이후 남성들이 귀환하자 노동시장에서 여성 경쟁자를 없애기 위해 이슬람의 도덕코드를 이용해 '밖'으로 나온 여성들을 다시 '안'으로 돌려보낸 사례 역시 여기에 해당된다.

2010년 튀니지를 시작으로 전 아랍 세계에 도미노처럼 번졌던 '아랍의 봄'의 표면적 목표는 민주화였다. 수십 년을 독재 정권에 시달리던 젊은이들은 정보화 기술의 힘을 빌려 정치적으로는 민주화를, 경제적으로는 일자리와 빵을 요구했다. 그러나 젊은이들의 요구 뒤에 숨어 있던 아랍의 봄을 움직인 정신과 원동력은 바로 공평과 사회정의이다. 여성의 관점에서 아랍의 봄을 해석하면 진정한 '아랍의 봄'은 '여성에게 남성과 평등한 기회가 주어지는 세상'이다. 아랍 여성도 다른 지역 여성처럼 남성과 동등한 권리를 누리기를 희망한다. 그녀들 역시 정치적 발언권을 갖길 희망하고, 남성의 허락 없이 집 안팎을 자유롭게 이동하며, 여성을 보호한다는 명분하에 시행되는 차별적인 법제도 없이 노동시장에 참여하며, 자신의 몸에 대한 최소한의 권리와 자존감을 지키고 싶어 한다.

무슬림 여성의 권익 보호의 출발점은 여성의 경제력 획득

지금과 같은 자본주의 체제하에서 아랍 무슬림 여성의 권리 실현과 사회적 지위 향상의 시발점은 바로 여성의 경제적 지위 향상에서 비롯될 수 있다. 여성의 경제력 형성은 좁게는 가정 내에서 여성의 발언권과 결정권으로 이어질 것이며, 이는 향후 남성의 여성에 대한 인식 변화로 이어질 것이기 때문이다. 또한 여성의 경제 참여는 넓게는 이슬람 국가의 발전과 직결될 것이다. 2014년 현재 아랍 세계에서 여성의 26%만이 노동시장에 참여하고 있다. 이는 전 세계 여성 노동인구 참여율이 52%임을 감안할 때 현격히 저조한 수준이다. ≪알바와바 Albawaba≫ 비즈니스지(2014년 2월 12일 자)

에 인용된 나세르 시디 박사의 연구에 따르면, 여성의 노동시장 참여율이 OECD 수준(60%)으로 높아진다면 중동 및 북아프리카 지역MENA: Middle East and North Africa 의 GDP는 20~25% 정도 증가할 것으로 예상한다. 특히 현재 여성의 노동시장 참여율이 낮은 국가에서는 괄목할 만한 경제적 성장이 예상되는데, 일례로 이라크와 사우디아라비아는 2020년에 매년 8~9%의 성장을, 요르단의 경우 7~8% 수준의 성장을 할 수 있을 것으로 본다. 그리고 다음의 사우디아라비아의 예는 여성의 노동시장 참여가 경제에 미치는 긍정적인 영향을 보여준다.

사우디아라비아는 이슬람 국가 중 여성 차별로 가장 악명 높다. 그런데 최근 사우디아라비아에도 변화의 바람이 감지되고 있다. 남녀 분리를 사회의 이상적 가치로 유지해오던 사우디아라비아에 남학생과 여학생이 함께 공부할 수 있는 킹압둘라 과학기술대학교, 일명 KAUST King Abdullah University of Science and Technology 가 등장했다. 또한 2015년부터 여성에게 투표권을 부여해 여성도 정치권을 행사할 수 있게 되었다. 그리고 가장 큰 변화는 여성 인력의 노동시장 진출 정책에서 감지된다. 사우디아라비아 여성의 노동시장 참여율은 6%대이다. 포스트 오일 시대를 대비하는 사우디아라비아는 1990년대 이래 노동시장에서 외국인 수를 자국민으로 대체하는 '노동력의 자국민화 정책', 즉 '사우디제이션Saudization'을 추진해왔다. 그러나 이 정책이 실효성을 거두지 못하자 사우디아라비아 정부는 2011년 6월부터 좀 더 강력한 정책인 쿼터제, '니타카트nitaqat' 제도를 도입해 자국민 의무고용 정책을 강제적으로 시행하고 있다. 그 결과 자국민 여성들은 미약하나마 노동시장 참여의 기회를 갖게 되었다. 이와 관련해 주목할 점은 사우디아라비아 여성들이 그동안 금남의 영역으로 인식되던 노동시장에 참여하면서 사우디아라비아 내 소비 진작 효과가 나타나고 있다는 점이다. 일례로 사우디아라비아의 여성 인력을 대체하는 외국인 노동자들은 월 3000리얄(약 800달러)을 월급으로 받고 있다. 그러나 그들은 이국땅에서 생존에 필요한 최소한의 액수인 약 700리얄(약 190달러)만을 소비하고 나머지는 고향으로 송금한다고 한다(*Trade Arabia*, 2013년 10월 30일 자). 반면 노동시장에 진출해 수입이 생긴 사우디아라비아 여성들은 월급의 대부분을 자국 내에서 지출한다. 즉, 사우디아라비아 여성의 노동시장 참여는 여성의 권리 향상이라는 이슈를 차치하더라도 경제적인 관점에서 사우디아라비아 내수 시장에 긍정적인 영향을 미친다는 점을 알 수 있다. 2018년 6월 사우디아라비아 여성의 운전 허용으로 사우디아라비아 경제성장이 예측되는 상황이다. 사우디아라비아 여성은 한 가정당 매달 약 2000리얄(약 530달러)을 들여 외국인 운전사를 고용해왔다. 그런데 여성의 운전 허용과 함께 지금까지 불필요하게 지출되었던 비용은 고스란히 가계 지출로 이어질 것으로 전망된다. 영국에 근거지를 둔 여론조사 기관 유고브YouGov와 아랍에미리트 리크루트 전문업체인 바이트닷컴Bayt.com의 설문에 의하면 65%의 사우디아라비아 여성은 경제적인 독립과 자아 성취의 목적에서 노동시장 진출을 원한다고 한다.• 이 조사 결과는 전세계에서 가장 보수적인 여성 정책을 시행하는

• 설문은 중동 및 북아프리크(MENA) 지역에 일하는 여성을 대상으로 했다. 경제적인 독립 이외에도 여성들이 노동시장에 참여하고자 하는 두 번째 이유는 가정 경제에 기여하기 위한 것으로 나타났다. 나이에 따라 여성의 노동시장 참여의 이유는 달라진다. 25세 미만의 젊은이들 사이에서는 일은 경제적인 독립뿐만 아니라 교육의 성취 측면에서 의미 있는 반면,

사우디아라비아 여성에게도 내적 변화가 일어나고 있음을 암시한다. 여성들은 더 이상 가부장 사회의 제도적 규제에 얽매이지 않고 변화와 도전을 향해 움직이고 있는 것이다.

결국 무슬림 여성의 권리 향상은 여성 문제에만 국한되지 않는다. 오히려 개발도상국이나 후진국에 머물고 있는 아랍 이슬람 국가 경제에 긍정적인 영향을 미칠 것이다. 따라서 아랍 국가들은 꺼져가는 불씨인 '아랍의 봄'의 진정한 개혁 정신을 되살려 여성 인력을 낭비하기보다 이들을 품어 국가 발전의 로드맵을 구상해야 할 것이다.

전 세계 성별 격차 지수로 본 아랍 무슬림 여성의 현실

세계경제포럼World Economic Forum은 매해 각 국가의 성별 격차 지수Gender Gap Index를 발표한다. 평가 분야는 경제 참여와 기회, 교육적 성취, 건강과 생존, 정치적 권한이다. 대체로 남녀평등이 잘 실현되는 북유럽은 지수가 높은 반면 아랍 국가는 낮은 순위에 머무르고 있다. 지표에 의하면 아랍 국가에서는 쿠웨이트와 아랍에미리트가 성별 격차 지수가 가장 좋게 평가되고, 남녀평등이 다른 국가 비해 잘 이루어지고 있음을 알 수 있다. 반면 사

36~45세 사이의 여성들은 자녀의 미래에 대한 안전성 확보가 더 큰 이유로 나타났다. 이 설문은 18세 이상 사우디아라비아, 아랍에미리트, 쿠웨이트, 카타르, 오만, 바레인, 레바논, 시리아, 요르단, 알제리, 이집트, 모로코, 튀니지 여성 2185명을 대상으로 2012년 5월 17~30일에 온라인으로 행해졌다(*Arab News*, 2012년 7월 2일 자).

표 10-1 2014 성별 격차 지수로 본 오늘날 아랍 여성의 현실

지역 구분	국가	전체 순위	경제	교육	보건	정치
걸프 지역	사우디아라비아	130	137	86	90	117
	카타르	116	101	94	136	140
	아랍에미리트	115	123	83	132	96
	쿠웨이트	113	106	76	134	137
	바레인	124	126	90	132	116
	오만	128	128	96	91	139
	예맨	142	138	140	117	138
레반트 지역	이라크	알려지지 않음				
	시리아	139	142	101	37	126
	요르단	134	140	74	127	119
	레바논	135	133	106	62	141
	팔레스타인	알려지지 않음				
북아프리카 지역	알제리	126	136	113	124	60
	이집트	129	131	109	57	134
	리비아	알려지지 않음				
	모로코	133	135	116	122	98
	튀니지	123	130	107	129	82
	수단	알려지지 않음				

자료: World Economic Forum(2014).

우디아라비아는 성별 격차에 대한 지수가 가장 낮다.

참고로 이 지수에 따르면 한국의 남녀 간 격차의 상황도 그리 좋은 편은 아니다. 한국의 2014년 성별 격차 지수는 전체 순위 117위, 경제 부분 124위, 교육 103위, 보건 74위, 정체 93위로 나타난다. 한국의 성별 격차 지수

가 낮은 이유는 — 물론 아랍 국가도 마찬가지지만 — 이 지수가 해당 지표 분야의 '수준level'이 아니라 남녀 간 '격차gap'만을 표시하기 때문이다. 그럼에도 이 지표가 우리 사회에 만연한 남녀 간 성차별을 확연히 보여주는 것은 부인할 수 없다.

11

무슬림 여성 리더십,
그 지향점은 어디인가

여성 리더의 등장, 전 세계적 추세

2013년을 맞이하여 한국에도 여성 대통령 시대가 개막되었다. 여성 지도자의 출현은 한국뿐만 아니라 남미, 유럽, 아시아 등 세계 곳곳에서 나타나는 전 세계적인 현상이다. 이와 함께 여성 리더십도 화두가 되고 있다. 여성 리더십의 부상 배경에는 이미지와 감성 시대의 도래, 교육으로 인한 여성의 활발한 사회 진출, 핵가족화와 가부장 중심의 남성 권위주의의 해체 등이 있다. 리더십을 연구하는 전문가들은 남성성을 상징하는 권력과 위계질서는 변화하는 사회에 부합하지 않으며, 오히려 여성성을 대표하는 공감력과 포용력, 배려와 소통의 능력이 사람들의 마음을 움직이고 포용한다고 주장한다.

그렇다면 과연 아랍 이슬람 세계의 현실은 어떨까? 아랍의 이슬람 문화권에서도 가장 보수적인 걸프 지역은 '가부장제의 요새와 맹목적인 남성 우월주의bastions of patriarchy and male chauvinism' 문화권으로 묘사되고 있다 (Al-Lamky, 2006; 49에서 재인용). 성에 따라 젠더 영역이 명백하게 규정지어진 이 지역에서 여성에게 적합한 장소는 사적인 영역인 가정으로 여겨지는 반면, 리더의 자리나 리더십은 남성의 영역으로 간주되어왔다. 그럼에도 불구하고 한 가지 긍정적인 현상은 최근 이슬람 지역 내에서도 여권 신장과 함께 여성 리더십이 주목받고 있다는 점이다. 무슬림 여성 인권에 대한 국제사회의 감시가 강화된 상황에서 각 아랍 국가는 여성을 국가 요직에 등용하고 있다. 일례로 최근 미국에 파견된 오만, 파키스탄, 바레인 대사는 여성이다. 또한 카타르는 첫 여성 내각의원을 임명했으며, 유엔UN에 첫 여성 대사를 파견한 바 있다. 비록 아랍 지역의 여성 리더 출현이 아직은 상징적 의미에 그치긴 하지만 남성 중심의 가부장 사회 질서에 대한 변화를 예고한다는 면에서 주목할 만하다. 그렇다면 지금까지 아랍 지역에서 여성 리더와 여성 리더십 출현을 방해하는 요소에는 무엇이 있는가?

이슬람 문화권 여성 리더 부재의 정치적 요소: 가부장제도와 부족주의

아랍 이슬람 사회에서 전통적으로 정치는 남성의 일로 간주되어왔다. 이는 아랍 사회에는 '남성은 공적 영역', '여성은 사적 영역'이라는 이분법적 인식이 지배해왔기 때문이다. 또한 아랍 이슬람 사회에서 여성은 감정적인 존재로 인식되고 있다. 따라서 남성 중심의 권력 구조를 지향하는 가부장제 사회에서 논리와 설득, 그리고 합의를 통해 권력을 쟁취하는 정치의 본질은 여성의 속성과 부합하지 않다고 판단되어왔다. 이를 반영하듯 일부 아랍 국가에서 여성에게 완전한 참정권 부여는 여전히 진행 중이다. 이슬람 국가에서도 걸프 국가 여성에 대한 참정권 부여가 가장 늦게 이루어지고 있다. 지금까지 오만(1994년), 카타르(1999년), 바레인(2002년), 쿠웨이트(2005년에 재부여), 아랍에미리트(2006년), 사우디아라비아(2015년)순으로 허용되었다. 사우디아라비아 여성의 참정권은 2015년 1월 타계한 고故 압둘라 국왕 치하에서 2015년에 부여되었다.

참정권이라는 공식적인 여성의 정치 참여 방식 외에도 부족주의 역시 아랍 여성의 '주변화marginalization'에 주요 원인으로 작용하고 있다. 부족주의는 여전히 아랍 이슬람 세계에서 막강한 정치적 영향력을 미치고 있으며, 부족들은 정당政黨을 부족의 연장선으로 보고 있다. 부족주의는 남성 중심의 권력 구조를 공고히 만들기 때문에 여성의 자유로운 결정을 가로막는다. 따라서 여성의 정치 참여가 제대로 실현되기 위해서는 여성에 비호의적인 부족 문화를 극복해야 할 뿐만 아니라 여성의 정치 참여에 대한 부족원들의 합의와 지지가 필연적이다(Dubai Women Establishment, 2009). 이러한 점을 고려했을 때 아랍의 무슬림 여성에게 남성과 같은 수준의 정치 참여는 원천적으로 차단되었으며, 따라서 여성이 리더의 자리에 오르는 것 또한 쉽지 않았다. 간혹 리더의 자리에 오른 여성은 사회 개혁을 상징하는 개혁의 코드로 이용될 수밖에 없었다.

이슬람 문화권, 여성 리더 부재의 경제적 요소: 오일 머니, 축복인가 독인가

자원에 대한 의존도가 높은 아랍, 특히 걸프 국가들의 경제구조는 가부장제도를 더욱 공고히 만드는 또 다른 원인으로 작용하고 있다. 산유국 여성의 지위에 대해 연구한 마이클 로스Michael L. Ross는 이슬람 지역에서 가부장제도가 영속될 수 있는 힘의 원천을 이슬람이라는 종교가 아닌 석유, 즉 자원으로 지목하면서 이를 '석유의 저주oil curse'로 명명한다. 그는 일반적인 경제성장 모델에서 여성의 노동시장 참여는 남녀평등을 실현하는 데 도움이 되지만 자원에 의지한 경제성장은 오히려 남녀평등을 저해하는 요소라고 주장하고 있다. 국가는 석유로부터 얻은 부를 국민에게 분배함으로써 국민의 충성심을 확보하고 안정적인 정권을 유지할 수 있었다. 이는 정부를 포함한 공공 부문에서 자국민 남성 노동력을 고용하고 이들에게 높은 임금을 보장하는 것으로 가능했다. 또한 각종 사회복지 혜택도 남성을 통해서만 받을 수 있었다. 반면 여성 인력은 싼값의 외국인 노동력으로 대체되었다. 따라서 오일달러oil dollar 유입 결과 정부는 자국민 여성 노동력 활용에는 소극적이었으며, 여성의 노동력은 유휴 인력으로 간주될 수밖에 없었다. 그 결과 산유국 여성들의 경제력은 약화되었고, 남성에 대한 의존도는 높아질 수밖에 없었다. 정부는 또한 성에 대한 이데올로기의 정당성 확보를 위해 이슬람의 이상적인 남성상과 여성상에 대한 가치를 이용했으며, 결과적으로 자원 의존적인 경제체제인 아랍 산유국에서 가부장적 가치는 더욱 확고히 정착되었다(Ross, 2008).

다른 한편으로 존 윌러비John Willoughby는 오만의 예를 들어 아랍 지역 여성의 노동시장 참여와 가부장제도의 함수관계를 사회 계층의 관점에서 해석했다. 그에 의하면 걸프 국가들에서는 여성의 교육이 가문의 수준과 명예를 판단하는 기준으로 작용한다. 따라서 엘리트 계층은 여성의 교육에 적극적이며 개방적이었고 해외 유학도 많이 보냈다. 선진 학문을 배워 온 이들 엘리트 여성들은 귀국 후 사회에서 선망의 대상이 되는 직업군에 근무하거나 비교적 남녀 간 성의 분리가 잘 되어 있는 환경에서 근무할 수 있었다. 반면 교육을 덜 받은 저소득층 여성의 경우 상류층 여성과 달리 전문직에 종사할 수 있는 기회가 제한적이고, 남녀가 분리된 직장 환경에서 근무하기 힘들었다. 결국 상류층 여성들은 전문직을 유지하며 가족의 후원하에 노동시장 진입에 성공할 수 있는 반면, 이 시장에 진입하지 못한 저소득층 여성들은 집 안에 머물며 사회가 요구하는 여성의 역할을 수행하게 된다. 아이러니하게도 이는 아랍 사회의 남성과 여성의 영역 분리라는 이슬람의 가치를 실현하고 가부장제도를 더욱 강화하는 결과로 나타나고 있다. 이와 동시에 아랍 이슬람 사회에서 여성 리더는 일부 상류층에만 해당하는 것으로 일반 여성이 리더의 자리에 오르는 길은 가로막혀 있는 씁쓸한 현실을 보여준다(Willoughby, 2008).

이슬람 문화권 여성 리더 부재의 문화적 요소
: 명예와 도덕에 대한 문화적 인식

아랍 지역의 가부장제도 유지에 대한 정치와 경제적 요소 이외에도 아랍인들의 본질적인 문화코드인 '명예'는 여성의 사회 진출을 방해하는 또 다른 근본적인 요소로 작용하고 있다. 아랍 이슬람 사회는 — 특히 보수적인 걸프 지역에서 — 명예와 도덕이라는 이름 아래 여성의 이동 자유를 제한해왔다. 또한 관계없는 남성과의 교류도 도덕이라는 이름하에 차단해왔다. 그래서 아랍 이슬람 지역에서는 여성이 장시간 야간 근무를 하거나 집안 남성 이외에 외간 남성과 한 공간에서 일하는 것에 대해 부정적이다. 성에 대한 사회질서를 준수하지 않는 사람들의 명예는 실추되기 일쑤였다. 아랍 사회에서 여성에 대한 문화적 인식은 이동의 자유와 노동시간을 제한하는 노동법(표 11-1 참조)에도 반영되고 있다.

명예에 대한 문화코드 외에도 가족을 중시하는 아랍 이슬람 문화권의 가족이데올로기 또한 여성의 사회 진출과 리더십 발휘에 부정적으로 작용하고 있다. 아랍의 가부장 문화에서는 가정을 사회의 핵심으로 본다. 따라서 여성에게는 개인의 가치 실현보다 가족 구성(즉 결혼)과 유지가 우선시된다. 또한 남녀의 역할이 분명하게 나뉘어, 남성에게는 가족 부양이, 그리고 여성에게는 결혼, 육아, 가사가 삶의 최우선의 과제로 인식된다. 이러한 상황에서 가정을 소홀히 한 채 사회로 진출한 여성에 대한 인식은 부정적일 수밖에 없다.

이처럼 이슬람 사회의 보수적인 가부장적 분위기에서 여성의 사회 진출은 극히 제한되며, 결국 여성 리더의 양성과 배출은 아랍 사회의 도전 과제로 남아 있다. 그나마 다행스러운 점은 최근에 아랍에미리트를 필두로 걸프 지역에서 추진되는 인적 자원 개발 정책이 여성의 노동시장 진출에 원동력이 되고 있다는 점이다. 걸프 지역 국가들은 외국인 노동력의 의존도를

표 11-1 **여성의 일과 이동의 자유에 대한 아랍 세계의 법적 제한(2003년)**

국가	노동시간 제한	직종 제한	이동의 자유 제한
알제리	○	○	×
바레인	○	○	×
이집트	○	○	2000년 폐지
요르단	○	○	2003년 폐지
쿠웨이트	○	○	2009년 폐지
레바논	×	○	×
리비아	○	○	×
오만	○	○	○
모로코	○	○	×
카타르	–		○
사우디아라비아	○	○	○
시리아	○	○	○
튀니지	○	×	×
아랍에미리트	○	○	×
팔레스타인	○	○	2003년 폐지
예맨	○	○	×

주: 시리아의 경우, 남성은 자신의 아내나 친척이 자의로 출국하는 것을 막기 위해 출입국 관리사무소에 서류를 제
출하도록 내무부에 요청할 수 있다.
자료: Dubai Women Establishment(2009).

줄이고 탈석유 시대를 대비하기 위한 전략으로 '노동력의 자국민화nationali-
zation of workforce'●을 지상 과제로 추진해왔다. 자국민 교육에 많은 비용을
투자하는 이들 국가는 여성 인력의 노동시장 진출을 노동력의 자국민화 정

책의 핵심 사안으로 여기고 있다. 그 결과 국가 차원에서 여성의 사회 진출을 적극 장려하고 있으며, 여성 리더 양성에도 호의적이다.

아랍에미리트 여성의 역할 모델을 통해 본 무슬림 여성 리더십 지향점

최근 아랍 국가에서 여성의 지위 향상에 가장 적극적인 국가가 아랍에미리트이다. 아랍에미리트에서 가장 이상적인 여성 지도자의 역할 모델은 '아랍에미리트의 어머니'로 불리는 셰이카 파티마 빈트 무바라크이다. 그녀는 알 아인 지역에서 외동딸로 태어나 아랍에미리트의 대통령이었던 셰이크 자이드 빈 술탄 알 나흐얀과 1960년대 결혼해 아부다비로 이주했다. 그녀는 1971년 에미리트 설립 이후 여성의 교육과 문맹 퇴치, 사회복지 혜택의 보급 등 아랍에미리트 여성을 위해 많은 공헌을 했다. 1973년에는 여성 기구인 '아부다비 여성 개발회 Abu Dhabi Women Development Society'를 개설하는 등 여성의 지위 향상과 개혁에도 앞장섰다. 그녀는 자국민들에게 종교와 전통을 보존하면서도 현대화를 추구한 여성이라는 평가를 받는다. 그 밖에도 사람들이 그녀를 존경하는 이유는 현재 아랍에미리트를 이끌고 있는 지도자들인, 자녀들을 훌륭하게 길렀다는 것이다. 이는 대부분의 아랍에미리

● GCC Gulf Cooperation Council 각 국가마다 국명을 딴 노동력의 자국민화 정책을 추진 중이다. 가령 사우디아라비아는 사우디제이션 Saudization, 아랍에미리트는 에미리티제이션 Emiratization, 오만은 오마니제이션 Omanization 등이 있다.

트 여성 리더들이 자신의 이상형으로 자신의 할머니나 엄마를 지목하는 이유와 일맥상통한다. 세이카 파티마의 사례로 봤을 때 아랍인의 정서에서 여성 리더십은 가족을 수호하고, 여성성을 보존하며, 사회적인 명성을 쌓을 때 비로소 인정됨을 알 수 있다. 아랍에서는 여전히 여성 개인의 자아실현이나 출세보다 빠르게 변화하는 사회 분위기 속에서 가정과 국가의 정체성을 지키기 위해 자녀를 훌륭하게 키워낸 '엄마'의 역할에 더 많은 가치를 부여하기 때문이다(Dubai Women Establishment, 2009). 그 밖에도 아랍에미리트 내에서는 외교부 장관인 루브나 알 까시미, EZW Economic Zones World 와 Jafza Jebel Ali Free Zone 의 CEO인 쌀마 하렙, 두바이 국영기업인 테콤 TECOM 의 CEO인 아미나 알 루스타마니, 아랍에미리트 상공회의소와 산업비즈니스 여성위원회의 의장인 라자 에사 알 그루지가 국영과 민간 기업의 여성 리더로 꼽힌다.

12

무슬림 신부의 웨딩 전야 파티,
헤나의 밤은 어떻게 진행되는가

헤나의 기원

아랍 이슬람 지역의 헤나 염색 문화는 이슬람 도래 이전부터 중동 지역에 존재했다고 알려져 있다(Arthur, 2000). 헤나는 붉은색을 띠는 식물에서 추출한 천연 염색제로 물과 섞어 걸쭉하게 만든 뒤 머리, 손톱, 발뒤꿈치, 손바닥 등에 바른다. 다양한 무늬로 새긴 패턴은 전통적으로 미적 표현 수단으로 사용되었다. 특히 밤에 하는 것이 더욱 효과 있다는 믿음 때문에 헤나 염색은 주로 밤에 이루어졌다. 헤나 염색은 미용 외에 의학적인 목적으로도 이용되었다. 헤나의 성분이 두통과 눈의 염증에 좋다는 믿음 때문이다. 또한 헤나가 행운을 가져다준다고 여기는 사람들도 있었다. 헤나는 이슬람교에서도 권장된다. 사도 무함마드는 하디스에서 "흰머리와 수염을 검은색이 아닌 다른 색으로 염색하라. 가장 좋은 염색은 헤나와 카툼katam (검은 빛깔을 내는 물질)이다"라고 권고했다(Kanafani, 1983: 53~57).

인도와 아랍의 헤나 문양(왼쪽은 인도, 오른쪽은 아랍)
© Josh Rodriguez(flickr.com)

헤나는 아랍 지역의 결혼식에 자주 등장한다. 그리고 아랍 지역과 더불어 인도와 파키스탄에서도 대중적으로 사용되고 있다. 그런데 인도와 아랍 지역의 헤나 디자인은 다소 다르다. 인도의 헤나 문양은 아랍에 비해 더욱 섬세하며 몸 전체에 그려지는 반면, 아랍은 꽃잎, 나뭇잎, 줄기 모양으로 가볍게 그리는 것이 특징이다.

헤나와 이슬람 결혼 문화

이슬람 지역에서 헤나는 결혼식을 상징한다. 전통적으로 결혼식 전날 밤 신부와 신부의 여자 친구들, 그리고 신부의 친척들은 '라일라 알 헤나 *laylah al-henna*(헤나의 밤)'라고 불리는 여성들만을 위한 파티를 열었기 때문이다. 헤나의 밤은 서구의 처녀 파티와 비슷한 개념이다. 보통 결혼식 전날 이루어지는 이 기념 파티에서 신부의 결혼을 축하하기 위해 모인 사람들은 음식을 나눠 먹으며 춤과 노래로 흥을 돋운다. 19세기 이집트의 전통적인 결혼식을 묘사한 에드워드 윌리엄 레인Edward Williams Lane에 따르면 이 파티는 오로지 여성들만을 위한 것으로 전문적인 엔터테이너인 가수와 댄서들이 고용되어 신부와 손님들의 모임에 흥을 돋웠다고 한다. 가수와 댄서들이 공연을 마치면 여성들은 자신의 몸을 천연 염색제인 헤나로 장식하는 의식을 행한다(Lane, 1989).

헤나의 밤에는 신부의 몸을 아름답게 단장하기 위한 장식의 목적 이외에도 많은 의미가 담겨 있다. 신부의 헤나 문신은 대중에게 막 결혼한 여성으로서의 신분을 나타낸다. 또한 신부의 친구나 친척들은 헤나 문신을 통해 자신의 지인 중 결혼한 사람이 있음을 대중에게 알린다. 이와 함께 헤나의 밤 파티에는 신부가 자신의 친구들과 친척들에게 마지막 작별 인사를 고하는 사회적 기능도 담겨 있다. 과거에는 신부가 결혼식을 마침과 동시에 남편의 집으로 출가해야 했기 때문에 여성들은 좀처럼 만나기 힘들었다. 장식, 지역사회에 홍보, 사교의 의미 이외에 일부 무슬림은 헤나가 결혼생활에 행운을 가져다준다고 믿는다. 헤나 의식은 이런 이유로 지금까지도 내려오고 있다. 헤나 파티가 열리는 날 보통 하객들은 신부에게 결혼 선물을 전달한다. 선물로는 현금, 귀금속, 향수, 새로운 집을 꾸밀 인테리어 소품 등이 있다.

현대화된 헤나 파티

이집트의 경우, 헤나의 밤은 1960년대 이후 완전히 사라졌다가 최근 몇
년 사이에 현대화되어 다시 부활했다. 현대화된 헤나의 밤 예식은 크게 두
종류로, '하나나 *hanana*'로 불리는 헤나를 전문적으로 그리는 사람을 대동한
헤나의 밤과 하나나 없이 기념되는 헤나의 밤 예식이 있다. 하나나 없이 행
해지는 헤나의 밤 예식에는 신부의 친구들과 친척들이 모여 신부의 결혼을
축하하고 신부와 같이 어울려 가무를 즐긴다. 신부의 어머니는 파티 중간
중간 미리 준비한 케이크, 초콜릿, 음료수를 하객들에게 제공한다. 이 헤나
의 밤은 오로지 여성들만을 위한 파티로 남성은 참석할 수 없다. 이날 신부
와 하객들은 실제로 헤나를 이용해 자신의 몸을 장식하지는 않지만 결혼식
전날 여성들만의 파티는 여전히 헤나의 밤으로 불린다. 이집트에서는 헤나
를 그리는 풍습이 여성의 사회 참여가 증가되던 1960년대부터 점차 사라지
기 시작했다. 헤나의 투박하고 붉은 색의 요란한 무늬가 직장 여성에게는
부적합하다고 여겨졌기 때문이다. 따라서 전통적인 헤나의 밤 풍습은 지방
에서만 그 명맥을 유지해왔다.

반면 하나나를 대동한 헤나의 밤 풍습은 현대화되어 신세대 젊은 여성들
사이에서 다시 인기를 끌고 있다. 오늘날 헤나의 밤은 예식을 즐겁고 화려
하게 보내려는 소비자의 욕구로 상업화되었다. 전문적인 쇼 기획자가 가수
와 댄서, 그리고 하나나를 고용해 헤나의 밤을 기획하기도 하고, 하나나가
직접 가수와 댄서를 고용해 자신의 쇼를 운영하기도 한다. 헤나의 밤이 상
업화되면서 헤나의 밤은 더 이상 여성들만의 예식으로 머물지 않게 되었다.

상업화되고 현대화된 헤나의 밤 예식에서 남성과 여성 하객들은 한 장소에서 같이 어울리며 춤과 노래를 즐긴다. 즉, 오늘날 헤나의 밤은 여성적이고 사적인 공간에서 탈피해 남성과 여성이 함께 어우러져 즐기는 공공의 공간에서 기념된다.

엔터테이너들의 쇼가 끝나면 헤나 염색이 시작된다. 신부와 참석한 여성들의 몸에 그려지는 헤나 패턴 또한 전통적인 투박한 방식에서 세련되고 장식적인 패턴으로 발전했다. 헤나 염색은 신부뿐 아니라 신랑도 하는데 이들은 자신의 손등과 발에 상대방 이름의 이니셜을 헤나로 새기며 서로의 애정을 확인한다.

13

합법적인 이슬람식 결혼,
어떤 조건이 필요한가

이슬람 문화권의 합법적인 결혼 조건

이슬람교에서는 결혼을 철저하게 인간 대 인간의 계약관계로 본다. 물론 배우자는 알라의 뜻에 의해 정해지며, 결혼은 '종교의 반을 이행하는 길'이라는 종교적인 면도 존재한다. 그러나 부부 관계는 양가가 합의한 계약 사항이 위반될 때 해체될 수 있다. 그래서 이슬람교의 결혼에서는 계약서 작성이 그 무엇보다도 중요한 사안이며, 양가는 결혼 전 계약을 맺기 위한 구체적인 협상을 진행한다. 계약서에는 계약 당사자의 서명, 그리고 양가의 결혼 사실을 증명해줄 증인과 중재자의 서명도 반드시 포함되어야 한다. 결혼 계약서에 날인이 없거나, 결혼 사실이 타인에게 알려지지 않거나, 또는 정부에 결혼 사실이 등록되지 않은 결혼은 무효로 간주되어 법적 효력이 발휘되지 않는다.

이슬람 문화권에서 결혼 계약은 신랑 측의 청혼과 신부 측의 응답으로 시작된다. 이를 아랍어로 '시가 *syghah* (형식)'라고 하는데, 보통 결혼식 날 마우준 *maudhun* ●이 신랑 측과 신부 측에 결혼에 대한 의사를 묻는 형태로 이루어진다. 즉, 한국에서 주례가 "신랑(또는 신부)은 신부(또는 신랑)를 아내(혹은 남편)로 맞이하겠습니까"와 같이 상대방의 결혼 의사를 묻고 확인하는 과정과 같은 절차다. 다만 우리와 다른 점은 신부의 의견 대신 신부 아버지의 의견을 묻는다는 것이다. 이슬람 법학파에 따라 다른 입장을 보이긴 하지만 이슬람의 전통에 따르면 여성은 결혼 당사자임에도 불구하고 자신의 결혼 여부를 스스로 결정할 수 없기 때문이다. 그러므로 이슬람의 결혼식에서 신부는 스스로 자신의 결혼 의사를 공표하지 않는 것이 관례로 여겨왔고, 신부의 후견인인 왈리 *wali* 가 신부를 대신해 신부의 결혼 의사를 표현한다. 일반적으로 신부 집안에서는 신부의 아버지가 왈리가 되지만 아버지 부재 시 아버지의 형제들, 즉 삼촌이나 신부의 오빠가 후견인 역할을 한다. 여성이 자신의 결혼에서조차 공식적인 입장을 표명하지 못하는 전통과 관습은 이슬람 사회에서 여성이 개체로 정의되기보다 남성과의 관계에 의해 인식되어왔음을 반영한다. 결혼을 인간 대 인간의 계약관계로 간주하는 이슬람의 결혼관에서 당사자 혹은 대리인의 동의 없는 결혼 서약은 무효로 간주된다.

이슬람에서 결혼이 성립되기 위한 필수 조건에는 '마흐르 *mahr* '라고 불리는 신부 대금이 있어야 한다. 마흐르는 신랑 측에서 신부 측으로 이동하는

● 결혼식을 진행하고 결혼 사실을 법원에 등록하는 일을 하는 사람으로, 이슬람의 결혼에는 마우준이 꼭 필요하다.

재화이다. 일반적으로 마흐르에는 두 종류가 있다. 하나는 '마흐르 무까띠마 *mahr muqqadima*'로 불리는 선납금이고, 또 다른 하나는 '마흐르 무와카르 *mahr mwakhar*'로 불리는 후납금이다. 선납금은 결혼할 때 신랑 측이 신부 측에 주는 신부 대금이고, 후납금은 결혼 관계가 와해되는 상황, 즉 이혼이나 남편의 사망 시 아내에게 지급된다. 마흐르 액수에 대한 규정은 없지만 책정에 대한 관례는 지역과 계층에 따라 다르다. 튀니지나 터키처럼 가장 작은 액수의 마흐르를 상징적으로 건네주는 국가가 있고, 이집트나 걸프 지역처럼 실질적인 액수를 책정하는 지역이 있다. 그 액수가 상징적이건 실질적이건 책정한 선납금과 후납금의 액수는 결혼 계약서상에 반드시 적어 넣어야 한다. 그런데 실질적인 액수를 마흐르로 책정하는 지역의 경우 젊은 사람들이 이를 마련하지 못해 종종 결혼의 걸림돌이 되기도 한다. 이와 관련해 2012년 아랍에미리트에서 행해진 결혼 설문에서 87%의 응답자가 마흐르 전통을 비난한 바 있다. 아랍에미리트의 마흐르 규모는 사례마다 다르지만 일반적으로 10만~20만 디르함 수준(한화 3000만 원~6000만 원)이다(*The National*, 2013년 6월 5일 자).

결혼식의 증인으로는 믿을 만한 양가 친척이나 부모님의 친구가 선택된다. 양가를 대표하는 두 명의 증인은 결혼 계약서에 서명함으로써 커플의 결혼에 거짓이 없음을 증명한다. 결혼식에서 증인이 확인하는 내용은 신랑이나 신부가 친남매 간이나 수양 남매 관계가 아니라는 것, 이전에 다른 결혼 관계가 있었는지, 양가의 사회적 지위는 비슷한지, 종교는 같은지, 신부가 처녀인지, 신부가 잇다 기간에 있는지 등이다(Antoun, 1972: 122). 증인의 또 다른 역할은 양가의 결혼 사실을 대중에 '선전 *ishuhar*'하고 '광고 *i'lan*'

팔레스타인 결혼식과 피로연. 남성과 여성의 공간이 분리되어 있다. 이 사진은 여성의 공간에서 촬영된 것이다.
© Lubaba Sabri

하는 것이다. 이슬람의 전통과 관습에 따르면 결혼 사실에 대한 광고는 '할랄halal(허용된 것)'로부터 '하람haram(금기되는 것)'을 구분하는 중요한 요소이다(Uthman, 1995: 21~47). 다시 말해 이웃에게 결혼 사실을 공표하지 않은 결혼은 이슬람에서 허용되지 않는다.

• 이 사진은 지인의 기부로 출판 도서에 사용되었으며, 흔쾌히 자신의 결혼식 사진을 한국의 독자들과 공유한 루바바 사브리 Lubaba Sabri 에게 감사의 뜻을 전한다.

13 합법적인 이슬람식 결혼, 어떤 조건이 필요한가

결혼에 대한 광고는 지역 문화에 따라 다양하게 나타난다. 일반적으로 결혼의 기쁨을 이웃에 알리기 위해 여성들은 자그라다zaghrada(여성들이 기뻐하거나 축하할 일이 있을 때 혀를 움직여 내는 소리) 소리를 요란하게 내기도 하고, 총이나 축포를 터뜨리기도 하며, 형형색색의 전등을 신부의 집 담벼락에 장식하기도 한다. 아랍 지역에서는 주말 저녁만 되면 이웃들에게 결혼식을 알리기 위해 축포를 터뜨리곤 한다. 오늘날은 IT 기술의 발달과 함께 결혼 광고의 방법 또한 변화하고 있다. 신세대들은 SNS를 활용해 멀리 사는 친구나 친척들에게 자신의 결혼 사실을 알리기도 한다.

결혼 계약을 바라보는 무슬림의 시선

이슬람 지역의 결혼 관습을 연구한 리처드 앤턴 Richard T. Antoun 은 이슬람에서 결혼은 부부간의 성스러운 결합이라고 보기보다 신랑과 신부의 법적 후견인 간 발생하는 계약으로 보았다(Antoun, 1972: 123). 앞서 언급했듯 부부간의 결혼 관계는 일정한 형식으로 만들어진 계약서에 의해 규정된다. 결혼 계약서에는 신랑과 신부, 그리고 이들의 결혼 관계를 증명해줄 증인들의 인적 사항이 명시되어 있다. 또한 결혼생활의 시작과 함께 지켜야 할 남편과 아내의 의무 등이 자세히 기술되어 있다. 그리고 선불 혼납금의 액수와 결혼 관계가 해체될 경우 남편이 아내에게 지불해야 하는 후불 혼납금의 액수도 정확히 기입되어 있다.

앞서 언급한 것처럼 이슬람 지역 젊은이들은 이 마흐르 전통에 상당한 부담을 느끼며, 그 결과 결혼 문화에도 부정적인 영향을 미치고 있다. 그럼에도 마흐르의 전통이 유지되는 이유는 남성 중심의 이혼제도 때문이다. 이슬람 율법 샤리아에 의하면 이혼은 남편의 공개적인 선언으로 가능하다. 이것이 신부의 집안에서 높은 액수의 마흐르를 책정하는 원인으로, 남편이 이혼 선언을 쉽게 하지 못하게 하려는 계산이 깔려 있다. 즉, 신부 가족은 이혼 시 남편이 아내에게 주어야 할 후불 혼납금을 높게 책정함으로써 딸의 안정적인 결혼생활을 보장하려는 것이다. 또한 마흐르는 남편의 사망이나 이혼 요구 시 경제적으로 심한 타격을 입는 여성들에게 일종의 보험 역할을 한다. 위자료가 없는 이슬람 사회에서 여성의 단독 재산으로 규정된 마흐르는 여성에게 금전적인 안정을 제공하게 된다. 마흐르의 긍정적인 역할과 관련해 말리하 아우니 알 까시르Maliha Awni Al-Kassir는 양가가 결혼 전 금전적인 책임을 미리 해결하고 부부의 의무와 권리, 역할을 규정한 뒤 결혼 계약을 맺기 때문에 결혼 후 양가의 갈등은 적을 것이며, 가족 간의 화합과 조화는 증진될 것이라 주장한다(Al-Kassir, 1991: 42). 그러나 결혼 계약서 작성에 대한 부정적인 시각도 만만치 않다. 이슬람 사회 내부에서조차 혼전부터 결혼생활의 부정적인 측면까지 미리 생각하고 작성해야 하는 '차가운 계산서'라는 목소리가 있다(El-Kholy, 2000: 324). 이들은 결혼은 거래의 결과가 아닌 커플 간의 신성한 결합이라고 주장한다. 마흐르가 보험 역할을 하건, 차가운 계산서의 역할을 하건 마흐르와 유사한 제도가 글로벌 결혼 문화에도 등장하고 있다. 일례로 이미 헐리웃 스타를 중심으로 혼전 계약서 작성이 유행하고 있기 때문이다.

14

무슬림의 동거혼,
무엇이 문제인가

비합법적인 결혼, 무슬림 사회의 동거 문화

보수적인 이슬람 사회에서 과연 동거란 존재할까? 무슬림은 동거를 어떻게 인식하고 이슬람 법학자들은 이를 어떻게 해석할까? 관점에 따라 달리 이해되겠지만 무슬림 사회에서도 동거는 존재하며, 이는 점점 증가하는 추세이다. 가장 큰 이유는 높아진 생활 물가와 주거 임대료로 인한 결혼 비용의 증가 때문이다. 이슬람식 동거 문화는 이집트에서는 '우르피 *urfi*', 사우디아라비아에서는 '미스야르 *misyar*', 이란에서는 '무타 *mut'ah*'라는 결혼의 형식으로 나타난다. 이 결혼의 형태가 합법적인 결혼으로 간주되지 않는 이유는 이슬람식 결혼의 성립 요건을 다 충족하지 못하기 때문이다. 이 결혼 형태에는 이슬람식 결혼에서 가장 중요시되는 요건인 신부 측 후견인과 결혼 사실을 정부에 등록하는 마우준이 없다. 여성이 스스로 자신의 결혼을 결정할 수 없는 이슬람의 결혼제도에서 여성의 후견인이 없다는 것은 이

슬람식 결혼에서 적법성 문제를 야기한다. 게다가 이러한 형태의 결혼에서
는 타인에게 결혼 사실을 알리지도 않는다. 이슬람 지역의 비밀혼은 학계
와 비학계뿐 아니라 종교계와 비종교계를 포함해 일반 대중 사이에도 많은
논쟁거리가 되고 있다.

이집트, 사우디아라비아, 이란의 비밀 결혼을 좀 더 자세히 보도록 하자.
오늘날 이집트에는 일부 젊은이들 사이에 우르피라는 동거 형태의 결혼이
성행하고 있다. 우르피 결혼은 정부에 등록되지 않기 때문에 정확한 숫자
를 파악한다는 것은 현실적으로 어렵다. 이집트 우르피 결혼을 글자 그대
로 풀이하면 '관습혼'이다. 관습혼이 암시하듯 우르피 결혼의 전통은 길다.
그러나 우르피 결혼은 부부가 결혼 계약서를 법원에 등록하지 않는다는 점
과 결혼 후 신랑과 신부가 그들만의 신혼집을 따로 마련하지 않는다는 점에
서 전통적이고 합법적인 이슬람식 결혼과는 구별된다. 결혼 후 한 지붕 아
래에서 살지 않는 이들을 부부로서 묶어주는 유일한 끈은 부부가 임의로 작
성한 그리고 정부에 등록되지 않은 결혼 계약서와 간간히 맺는 부부관계뿐
이다.

이집트에서 젊은이들 사이에서 행해지는 우르피 결혼을 연구한 모나 아
바자Mona Abaza에 따르면 우르피 결혼은 다음의 두 가지 이유에서 관습적으
로 행해졌다고 한다. 첫째, 우르피 결혼은 미망인이 정부로부터 지급받는
연금 혜택을 재혼 후에도 누리기 위한 저소득층 여성들의 생존 전략으로 이
용되었다. 둘째, 우르피 결혼은 계층을 초월한 결혼의 한 형태로 이용되기
도 했는데, 주로 상류층 남성들이 저소득층 여성들과 일부다처혼의 수단으
로 이용해왔다. 특히 후자의 경우 결혼 사실을 비밀로 함으로써 남성들은

지역사회에서 명예를 유지할 수 있을 뿐 아니라 성욕도 충족할 수 있었다. 그러나 현대에 들어 우르피 결혼은 젊은이들, 특히 대학생들 사이에서 성행하고 있고, 이는 이슬람의 합법적인 결혼 형식을 위협하기 때문에 새로운 사회문제로 대두되고 있다(Abaza, 2001a).

현재 이집트에서는 우르피 결혼의 적법성에 대해 의견이 분분하다. 우르피 결혼의 적법성을 옹호하는 입장에 따르면 이슬람식 결혼을 성립시키는 중요한 요건 중 하나인 마흐르(혼납금)의 조건을 충족하고 증인 두 명이 존재하기 때문에 적합하다고 본다. 그러나 현실적으로 재정적인 면에서 결혼 준비가 안 된 일부 젊은이들은 상징적인 의미로, 가장 작은 단위의 화폐를 마흐르로 치르고 있고, 행인이나 대학 캠퍼스의 친구들을 증인으로 섭외하는 실정이다.

우르피 결혼이 부적합하다고 보는 견해는, 가장 큰 이유로 결혼의 비밀성을 든다. 우르피 결혼에서는 왈리(후견인)와 마우준(결혼 등록인)이 없기 때문에 결혼 사실을 대중에 공표하지 않는다. 이러한 점에서 우르피 결혼은 현 이집트 사회에서 합법성을 인정받지 못하고 있다.

이집트의 우르피 결혼과 비슷한 형태의 결혼은 다른 이슬람 지역에도 존재한다. 사우디아라비아의 미스야르 결혼과 이란의 무타 결혼이 이에 해당한다. 일반적으로 사우디아라비아에서는 나이 든 여성이 결혼할 수 있는 가능성이 없을 때 최후의 수단으로 미스야르 결혼을 선택한다. 미스야르는 아랍어로 '이동하는', '여행하는'의 뜻으로, 아랍 상인들이 여러 지방 도시들을 돌아다니며 현지처를 뒀던 관습에서 유래한 것이다. 합법적인 이슬람식 결혼과 달리 미스야르 결혼에서는 남성에게 마흐르와 부양권과 같은 재정적 의무는 부여되지 않는다. 그럼에도 여성들이 이 결혼을 택하는 이유는 노처녀로 남아 이웃으로부터 '부족한' 여성이라는 불명예스러운 딱지가 붙은 채 살아가는 것보다 낫기 때문이다. 여성들은 경제력이 없어 남편으로서의 법적 의무를 다하지 못하는 남성이나 부부로서 지속적인 동거가 불가능한 사람을 미스야르 결혼의 배우자로 선택하곤 한다.

반면 무타 결혼은 주로 이란의 시아파 무슬림들 사이에서 행해지는 결혼 풍습이다. 이 결혼의 특징으로는 부부가 결혼 기간을 임의로 정하고 부부 관계를 시작한다는 점이다. 무타는 아랍어로 '기쁨' 혹은 '향유'를 뜻한다. 무타 결혼은 간통을 방지하기 위해 관습적으로 행해졌다고 한다. 이슬람 법학자는 무타 결혼의 기원에 대해 자힐리야 시대 이전의 관습이라고 주장한다.

이슬람 정복 기간에 무슬림 군사들은 오랫동안 아내와 떨어져 있어 심한 우울증에 시달렸다. 일부는 부정한 행위를 저지르지 않도록 거세를 했다. …… 무타 결혼은 이러한 딜레마를 극복하기 위한 것이었다(*Islam Online*, 2001년 6월 18일 자).

무타 결혼에 대한 사람들의 해석은 다양하다. 샤흘라 하에리 Shahla Haeri 는 무타 결혼과 매춘의 모호성에 대한 토론에서 이란 도시 지역의 지식인층과 중·상류 계층 사람들이 무타 결혼을 합법화된 매춘제도, 또는 서구의 자유로운 남녀 관계를 이슬람식으로 모방한 대용품으로 보고 있다고 언급한다(Haeri, 1989: 6). 언급할 만한 점은 이란 남녀가 무타 결혼을 바라보는 시각에도 차이가 있다는 것이다. 하에리에 따르면 여성이 남성에 비해 무타 결혼에 더 많은 의미를 부여할 뿐 아니라 계약 기간이 끝까지 지속되기를 희망한다. 더욱이 여성들은 무타 결혼을 이혼녀나 미망인으로 낙인찍힌 '흠 집' 있는 자신의 신분을 '정상'으로 전환할 수 있는 하나의 방법으로 본다. 반면, 남성은 무타 결혼을 일상생활에서 탈피해 억압된 성욕을 표출하는 하 나의 배출구, 또는 유희로 보는 경향이 있다고 한다. 경제적인 관점에서 여 성들은 남성과의 계약 결혼을 주요 생계 수단으로 보는 반면, 남성들은 여 성을 자신들에게 부과된 또 하나의 부담으로 본다.

이란의 경우와 마찬가지로 이집트에서도 우르피 결혼에 대한 남녀 간 입 장 차이는 현저하게 드러난다. 가장 큰 견해차로는 여성들이 우르피 결혼 에 대해 부정적인 반면, 남성들은 이에 대해 개방적이라는 것이다. 여성이 우르피 결혼을 부정적으로 보는 이유는 법원에 등록되지 않은 계약서를 파 기함으로써 소멸되어버리는 결혼 계약서의 법적 구속력 부재와 그 결과 야 기되는 미혼 여성들의 처녀성 상실과 명예 실추라는 불이익 때문이다. 그 래서 이러한 비밀 결혼의 형태는 자국민 젊은 남성과 외국인 여성 사이에서 빈번히 이루어진다. 특히 이집트와 같이 외국인 관광객이 많은 곳에서 더 욱 성황을 누리고 있다. 관광지에서 주로 행해지는 이집트 우르피 결혼의 경우 성적으로 좀 더 자유로운 외국 여성과 결혼 비용 마련에 많은 부담을 느끼는 젊은이들 사이에서 주로 행해지며, 젊은이들에게 갑갑한 현실의 탈 출구 역할을 하고 있다.

15

이슬람 사회에 상승하는 이혼율, 그 원인은 무엇인가

이제는 개인사가 아니라 공적인 주제로 떠오른 이슬람 문화권의 이혼 문제

개인의 인생사인 결혼과 이혼이 공론화와 함께 이제는 공적인 관심거리가 되었다. 경제성장을 발목 잡는 젊은이들의 실업률 증가, 결혼율 하락, 이혼율 상승, 그리고 저출산 문제 해결이 국가의 주요 정책 사안으로 부상했기 때문이다. 비록 결혼과 이혼에 관련된 사회문제와 그 해법은 한 국가의 경제 수준과 정치체제, 그리고 전통과 종교적 색채에 따라 다른 양상으로 나타나고 있으나 핵심은 국가의 존속이라는 본질적인 문제로 귀결된다. 아랍 국가도 정부가 전면에 나서 이혼 문제 해결에 앞장서야 하는 상황에 직면하게 되었다. 최근 발표된 보고서에 의하면 아랍 이슬람 세계의 이혼율이 급증하고 있기 때문이다. 이집트의 경우 매 6분마다 이혼이 발생하고 있다고 한다(*Khaleejtimes*, 2010년 1월 11일 자). 일반적으로 이슬람 지역의 이혼권은 남성에게 부여되어 있다. 이슬람의 관점에 따르면 감성적인 여성에게 이혼권이 부여될 경우 이혼이 남발될 것이라는 해석 때문이다. 그래서 이슬람 문화권에서는 이슬람 율법 샤리아에 따라 남편의 이혼 선언으로 결혼 계약 파기가 가능하다. 물론 아내에게도 이혼을 제기할 수 있는 여지는 있다. 남편이 음주와 같은 반종교적인 행위를 하거나, 성적인 불능 상태로 부부관계를 맺지 못하거나, 정신이상자일 경우 남성 증인 두 명과 함께 그 사실을 증명하면 가능하다. 또한 아내는 결혼 계약서에 명시된 후불 혼납금을 포기하는 조건으로 남편에게 이혼을 요구할 수 있다. 이를 '쿨루*Khulu'*'라고 부르는데 이는 아랍어로 '벗어 던지다'라는 뜻이다. 즉, 결혼의 구속으로부터 벗어난다는 의미가 포함되어 있는 것이다. 그러나 이슬람 사회에서 여성의 이혼권 제기는 여전히 남성에 비해 쉽지 않다.

최근 아랍 국가에서 이혼 관련 사회문제가 가장 빈번히 발생하는 지역이 바로 사우디아라비아, 아랍에미리트, 쿠웨이트, 바레인, 카타르를 포함한 걸프 지역이다(*Khaleejtimes*, 2010년 1월 11일 자). 걸프 지역의 이혼 건수는 사회의 개방과 함께 더욱 상승하고 있다. 게다가 여성의 교육률 상승과 그로 인한 그녀들의 노동시장 진출로 이 지역 여성들은 내적 변화를 겪고 있다. 부족과 가족의 틀에서만 자신의 정체성을 형성하던 걸프 지역 여성들이 교육과 직업을 통해 자신의 주체적이고 독립적인 정체성을 새롭게 만들어가고 있다. 그런데 걸프 지역의 보수적인 가부장 문화는 이러한 변화를 따라가지 못하는 데서 이혼 문제가 사회적인 문제로 부각되고 있는 것이다. 다음의 아랍에미리트와 사우디아라비아 사례를 통해 무엇이 문제인지 자세히 살펴보도록 하자.

아랍에미리트 여성의 사회 진출로 인한 내적 변화와 이혼율의 상관관계

최근 들어 아랍에미리트의 이혼율이 증가하고 있다. 2011년 통계에 의하면 아랍에미리트 이혼율은 약 46%에 달한다. 아랍에미리트 일곱 개 토후국 중 가장 발전되고 현대화된 토후국일수록 이혼율이 높게 나타난다. 즉, 아부다비의 이혼 건수가 1700건으로 가장 앞서고, 그 뒤를 두바이(1128건), 샤르자(454건), 라스 알 카이마(308건), 푸자이라(147건), 아즈만(142건), 움 알 꾸와인(25건)이 뒤따르고 있다. 이혼율 증가는 안정적인 가족 문화 형성을 통해 건전한 사회 건설을 최우선 과제로 여기는 아랍에미리트에 새로운 고심거리로 등장하고 있다. 이혼은 또한 전체 인구의 13%만을 차지하는 아랍에미리트 자국민 인구수 증가에 악영향을 미치고 있다. 가뜩이나 여성의 사회 진출로 출산율이 감소하는 상황에서 이혼으로 인한 출산율 하락은 국가의 정체성 유지를 근본적으로 흔들고 있다.

아랍에미리트 사회 내 이혼은 자국민 간 결혼뿐만 아니라 외국인과 자국민, 외국인과 외국인 간에도 빈번하게 발생한다. 우선 외국인 대 외국인의 결혼이 파경에 이르는 원인으로는 상이한 종교적·문화적 배경으로 인한 부부 갈등, 육아 문제, 대화 부족, 소비 패턴과 돈 씀씀이에 대한 이견, 가족 및 친구 등 결혼생활 지지 시스템 부족, 호화로운 에미리트에서의 삶에 대한 비현실적인 기대감 등을 들 수 있다. 특히 외국인 노동자의 경우 실업은 생계에 직접적인 영향을 미친다. 따라서 재정의 안정성 역시 이혼에 가장 결정적인 요소로 작용한다.

그런데 자국민 이혼의 배경은 외국인 이혼 사례와는 좀 다르다. 자국민의 이혼은 급격한 사회 변화 속에서 전통과 현대 사이에 균형을 찾지 못하는 신생국가인 아랍에미리트의 현주소를 고스란히 보여준다. 아랍에미리트 여성은 최근 몇 년간 국가의 노동력 자국민화 정책, 즉 '에미리티제이션 **Emiratization**'의 일환인 여성 인력 양성에 적극적으로 참여해왔다. 아랍에미리트 고등교육부에 따르면 자국민 여성의 대학 진학률은 70% 이상에 도달했으며, 노동시장 참여율은 59%를 상회한다. 이는 걸프 지역에서 가장 높은 비율이다(United Arab Emirates Ministry of State and Federal National Council Affairs, 2007). 평균 결혼연령도 교육과 결혼 비용 마련 때문에 상당히 늦어지고 있다. 여성은 평균 결혼연령이 25~29세, 남성의 경우에는 30~34세에 이르고 있다.

전통적으로 아랍에미리트에서는 여성을 이슬람 문화의 담지자이자 국가의 정체성을 지켜줄 최후의 보루로 간주해왔다. 사적인 영역에 갇혀 있던 여성을 공적 공간으로 끄집어내는 정부 정책과 함께 변화하는 사회 분위기 속에서 아랍에미리트 여성에게도 내적 변화가 일고 있다. 아랍에미리트 이혼율 상승의 한 원인으로는 여성의 내적 변화에 둔감하게 대처하는 기존의 문화적 인식이 자리한다. 오늘날 아랍에미리트 여성은 교육과 노동시장 참여를 통해 소극적이며 복종적인 모습에서 탈피해 독립적인 개체로 자신을 찾아가고 있다. 즉, 아랍에미리트 여성은 자신이 누구인지, 무엇을 원하는지 알아가고 있으며, 그 결과 자신의 목소리를 찾아가고 있는 것이다.

이를 증명하듯 걸프 지역 국가들의 이혼 사례를 분석한 글로벌 컨설팅 기업인 부즈 앤드 컴퍼니**Booz & Company**에 의하면 아랍에미리트 이혼율의 가장 큰 배경으로 여성의 교육과 노동시장 참여, 그리고 그로 인해 형성된 자아의식과 독립성을 든다. 그 결과 남녀 간 이혼도 젊은 부부 사이에 빈번히 발생하며, 시기는 결혼 초기에 집중되어 있다. 게다가 독특한 이슬람 문화권의 결혼제도도 이혼율 상승에 한몫하고 있다(Booz & Company, 2010). 이슬람 문화권에서는 남녀 간의 교제를 약혼이나 결혼 이후에 허락하고 있다. 따라서 보수적인 아랍 국가에서는 결혼 계약서 서명과 함께 법적인 부부로 인정되어도 피로연이 열릴 때까지 동거는 허락되지 않으며 부부관계도 결혼 파티 이후로 미뤄진다. 이성과의 교제를 엄격히 금지하는 아랍에미리트의 많은 커플은 결혼 계약서를 작성하고 서류상의 공식적인 부부가 되어야 비로소 상대를 제대로 파악할 수 있는 데이트 기회를 얻을 수 있다. 그 결과 대부분의 젊은 이혼 커플들은 상대가 자기와 맞지 않다는 점을 결혼 계약서 작성 이후에나 파악할 수 있으며, 신혼집에서 본격적인 부부 관계를 시작하기 이전에 이혼을 선택하는 경우가 많다.

게다가 삶의 현대화로 사람들의 소비에 대한 욕구와 취향은 날로 높아지는 상황에서, 외벌이로서는 이를 감당하기 힘들어졌다. 따라서 관습에 따라 남성과 여성의 영역, 그리고 성 역할에 대한 인식이 명료하게 구분되는 이 지역에서도 이제는 젊은 부부일수록 맞벌이를 선호하는 추세이다. 이는 부부 관계에도 막대한 영향을 미치고 있다. 여성들은 가족 문제와 육아에 더 많이 참여하고 상당한 결정권을 행사한다. 반면 남성의 입장에서는 일방적으로 행사하던 권력의 시대에 종지부를 찍게 된 것이다.

그렇다면 과연 아랍에미리트 여성의 교육과 노동시장 참여로 인한 경제적 독립은 건전한 가족 문화를 해체하는 주범으로 작동하는가? 겉으로 보면 여성의 교육과 노동시장 참여가 궁극적으로 아랍에미리트 사회가 추구하는 안정적인 결혼생활과 건전한 사회질서를 흩트리는 부정적인 요소로 작용하는 것이 틀림없다. 그러나 이러한 분석은 아랍에미리트를 가부장적 인식에 기반을 둔 사회적 시선으로 접근했을 때만 유효한 것 같다. 여기에 는 부부관계가 종속적·수직적 관계라기보다는 평등적·수평적 관계라는 점 이 간과되었다. 이혼을 피하고 원만한 부부관계를 위해서는 남녀 관계를 보호자와 피보호자의 입장에서 보기보다 동반자의 관점에서 보아야 할 것 이다. 이제는 무슬림 여성의 내적 변화에 대한 대응으로 무슬림 남성과 이 슬람 사회가 변화해야 할 시점인 것이다.

이혼율을 잡기 위한 사우디아라비아의 처방

2011년 사우디아라비아 법무부 통계에 의하면 사우디아라비아의 이혼 건수는 하루에 81건에 달한다. 이혼율은 2012년 더욱 상승해 하루 평균 96 건으로 증가했다. 2012년 결혼 계약 건수는 16만 371건인 반면 이혼 건수 는 3만 4490건에 달한다. 이 중 사우디아라비아 자국민의 이혼은 3만 615 건, 외국인과 사우디아라비아인 그리고 외국인과 외국인의 이혼 건수는 3875건에 이른다.

사우디아라비아인들의 이혼 사유는 한국처럼 부부간 성격 차이, 교육 수 준 차이, 생활 패턴의 차이, 남성의 외도 및 가정 폭력과 같은 일반적인 이 유가 대부분이며, 기간은 결혼 1년차(66%)에 집중되어 있다. 이와 관련해 컨설팅 기업 부즈 앤드 컴퍼니는 타인과 타협의 능력이 없는 젊은이들의

그림 15-1 **사우디아라비아의 이혼율**

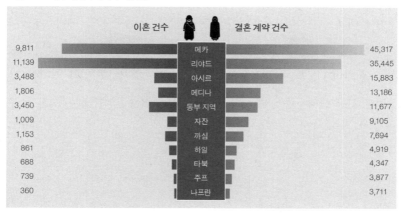

이혼 건수	메카	결혼 계약 건수
9,811	메카	45,317
11,139	리야드	35,445
3,488	아시르	15,883
1,806	메디나	13,186
3,450	동부 지역	11,677
1,009	자잔	9,105
1,153	까심	7,694
861	하일	4,919
688	타북	4,347
739	주프	3,877
360	나프란	3,711

자료: *Saudi Gazette*(2013년 8월 14일 자).

개인주의적 성향을 이혼의 배경으로 분석하기도 한다(Booz & Company, 2010). 물론 개인주의도 이혼의 한 원인이 되겠으나 이성 간 소통의 부재 역시 젊은이들의 결혼생활에 부정적인 영향을 미친 것으로 분석된다. 어려서부터 남녀 간 분리 문화에 익숙해진 젊은이들은 이성을 파악하는 데 미숙하며, 이는 부부간 소통의 부족 현상으로 이어지기 때문이다. 사우디아라비아에서는 아내가 남편보다 결혼생활 만족도가 낮다(*Emirates 247*, 2014년 10월 17일 자). 이는 여성에게 적용되는 이동 자유 금지와 보호자 제도와 같은 이슬람교에서 파생된 성차별적 관습으로 인해 여성들이 결혼에 더 많은 억압을 느끼기 때문으로 해석된다.

최근 사우디아라비아는 급속도로 상승하는 이혼율을 잡기 위한 특단의 조치로 '결혼 훈련과 재건 프로그램Marriage Training and Rehabilitation Program'이라는 새로운 제도를 도입한 바 있다(*Al Arabiya*, 2014년 5월 18일 자). 새로 도입된 사우디아라비아의 결혼 프로젝트에서는 결혼 후 닥칠 부부의 의무와 책임에 대해 교육한다. 사우디아라비아 정부는 결혼을 앞둔 예비부부들이 결혼 컨설팅 과정을 밟는 것을 의무화하고 있으며, 이 과정을 이수하지 않을 경우 공식적인 결혼 계약서 발급을 제한할 것을 고려하고 있다. 곧 예비부부들은 건강 증명서와 함께 소위 '결혼 훈련 증명서'를 제출해야 비로소 부부로 공식적인 인정을 받을 수 있다. 신규 프로그램 도입과 관련해 일부는 그 효과에 의문을 제기하기도 한다. 그런데 프로그램을 이미 시행하고 있는 말레이시아의 경우 32%에 이르던 이혼율이 7%대까지 떨어졌다고 한다.

신규 프로그램과 관련해 한 가지 주지할 점은 이 과정을 책임지는 교육자들이 보수적인 종교학자가 아니라 심리학자와 사회학자 1000여 명으로 구성되었다는 점이다. 즉, 이는 사우디아라비아가 국가 존속을 위해 종교와 전통에 집착하기보다는 서서히 사회 변화를 유도하고 있다는 점을 반영한다. 만일 남성과 여성의 본질적인 차이를 인정하고 성에 대한 위계질서를 합리화하는 사우디아라비아의 종교학자가 이 프로그램의 교육을 도맡았다면 순탄한 결혼생활 유지를 위해 신세대 젊은이들에게 남성의 지배와 여성의 복종이라는 전통적인 이데올로기만 재교육했을 것이다. 그들의 관점에서 안정적인 결혼생활은 남성과 여성의 엄격한 분리에서 시작된다. 또한 남성의 허락 없는 여성의 자유로운 이동은 상상할 수 없으며, 결혼 후 아내의 학업과 직장생활 여부도 오로지 남편의 '자비'에 의해서 결정된다. 이러한 상황에서 사우디아라비아 정부가 국가의 초석으로 여기는 가정을 지키기 위해 종교학자 대신 심리학자와 사회학자를 기용했다는 점은 향후 사우디아라비아가 사회 변화에 어떤 식으로 대응할지 그 단서를 보여준다는 점에서 의미 있다. 이제 남은 것은 사우디아라비아 국민, 특히 남성들의 의식 개선과 수용이다.

'돌싱녀'를 바라보는 이슬람 사회의 시선

이슬람법 샤리아에서는 이혼을 허용한다. 이혼은 인간 대 인간의 계약관계이고, 어느 한쪽이라도 계약 조건에 만족하지 못한다면 이혼을 제기할 수 있다. 그러나 남성과 여성이 느끼는 이혼의 결과는 하늘과 땅 차이이다. 사회가 이혼녀를 바라보는 시선은 부정적이다. 이혼녀는 마치 '손상된 상품'으로 인식되며, 그녀의 가치는 크게 하락한다. 이혼녀의 마흐르가 처녀보다 낮게 책정된다는 점이 이를 반영한다. 게다가 이혼에 대한 책임을 여성에게 돌리는 사회적 인식 때문에 여성들은 쉽사리 이혼에 대해 생각하지 못한다. 아랍에미리트 여성 134명을 대상으로 한 설문에 의하면 이혼녀는 여전히 '꺼리는 대상'으로 취급되며, 사람들은 이혼녀를 동정심으로 바라본다고 한다. 전 아랍 세계의 2007명을 대상으로 한 설문 결과도 마찬가지로 나타났다(*The National*, 2013년 6월 9일 자). 그래서 딸의 이혼에 대해 부모 측 반대가 가장 크다고 한다. 딸의 이혼으로 인한 불행뿐만 아니라 이혼녀의 부모라는 사회적 불명예도 감당해야 하기 때문이다. 이혼녀를 바라보는 사회적 시선이 부정적인 데 반해 '돌싱남'에 대한 시선은 비교적 관대한 편이다. 일부다처가 허용되는 이슬람 사회에서 이혼한 남성은 '흠 있는' 여성에 비해 더욱 쉽게 재혼할 수 있다.

16

매춘·입양·피임·불임, 그늘 속의 무슬림 여성

매춘과 결혼의 경계에 놓여 있던
이슬람 도래 이전의 결혼 형태

이슬람에서는 매춘을 엄격히 금지한다. 매춘 금지와 관련한 코란 계시는 위선자의 우두머리였던 압둘라 이븐 쑬룰의 이야기에서 비롯된다. 그에게 는 '무싸이카'와 '아미마'라는 두 하녀가 있었다. 그는 돈을 벌기 위해 하녀 에게 매춘 행위를 강요했고, 그녀들은 사도 무함마드에게 이 사실을 모두 털어놓았다. 그러자 사도는 매춘과 관련해 다음의 계시를 받았다고 전해진 다(최영길, 1996: 649).

하녀들에게 간음 행위를 강요하지 말라

그들은 순결을 지키고자 하니라

만일 그녀들에게 강요하는 자가 있어 강요되었을 때

하나님은 그녀에게 관용과 자비를 베푸시니라

(코란 제24장 33절)

이슬람 사회의 섹슈얼리티를 연구한 부디바와 무슬림 여성 문제를 연구한 나왈 알 사으다위는 이슬람 도래 이전, 즉 자힐리야 시대에 존재했던 몇 가지 결혼 형태를 소개한다(Bouhdiba, 2004; El-Saadawi, 1980). 그런데 당시 행해졌던 결혼 형태는 이슬람의 잣대로 보기에는 상당히 부도덕하다. 또한 현대를 사는 우리의 눈에도 굉장히 파격적이다. 당시 결혼과 매춘의 경계를 넘나들었던 일부 결혼 관습은 윤리적인 문제로 인해 이슬람교의 정착과 함께 대부분 사라졌다.

이슬람 도래 이전 존재했던 결혼 형태 중 하나는 씨받이 개념의 '이스팁다 *istibdaa*'혼이 있다. 이는 우생학적 관점에서 행해지는 결혼의 한 형태이다. 남편은 아내의 생리가 끝나 몸이 청결해지면 아내를 다른 남성에게 보낸다. 이때 상대 남성은 사회에서 저명한 사람이거나 명망이 높거나, 잘생겼거나, 시인이거나,[*] 현명하거나, 지적이거나 운이 좋은 사람이 후보에 오른다. 아내를 일정 기간 그 남성과 동침하게 하고 이후 아내의 임신이 확실해지면 아내는 다시 집으로 돌아온다. 이렇게 해서 남편은 우성인자를 갖춘 태아를 갖게 된다고 믿으며 이때 태어난 아이는 법적으로 부부의 아이

---

[*] 아랍에서 시인의 위상은 특별했으며 사회에서 존경받았다. 시인은 오늘날의 언론인 기능을 했으며 정보를 전달하고 사회에 강력한 영향력을 미칠 수 있는 사건들을 해석했다. 시인의 위상에 대한 추가적인 자료는 암스트롱(2001: 139)을 참조.

16 매춘·입양·피임·불임, 그늘 속의 무슬림 여성

가 된다. 이 결혼의 목적은 좋은 후손을 얻기 위한 것이다.

'자와즈 알 무슈타라카 *zawaaj al-mushutarakah*'는 공유결혼제도의 개념이다. 이 결혼은 최대 열 명이 넘지 않는 남성들이 한 여성과 일정한 기간에 순서를 정해놓고 결혼생활을 하는 것이다. 이때 남성의 수가 열 명이 넘으면 그 여성을 창녀로 규정한다. 만일 여성이 임신하면 그녀와 관계를 맺은 남성은 출산 시 모두 빠짐없이 여성의 집으로 모인다. 이후 여성이 그들 중 아이와 닮은 자나 혹은 아버지가 되었으면 하는 자를 지목하면 그 자가 아이의 아버지가 된다. 그러나 일단 아버지가 결정되면 이는 번복할 수 없다. 그리고 지목된 남성 또한 이를 거부할 수 없다.

마지막으로 '비가 *bighaa*'로 불리는 결혼은 매춘의 한 형태이다. '불특정 일반 남성에게 허용된' 여성이 자신의 집 앞에 깃발을 꽂으면 그 여성에 관심 있는 남성은 누구든 그 여성의 집에 들어갈 수 있다. 이때 여성에게는 자신의 집에 들어오는 남성을 거부할 권리가 없다. 그런데 그 여성이 임신과 출산을 하면 그 여성은 자신과 관계했던 남성, 즉 아버지로 추정되는 모든 남성들을 자신의 집으로 불러 모아 실력 있는 관상쟁이를 부른다. 관상쟁이는 아이의 생김새(눈, 머리의 색깔, 코의 모양, 얼굴 모양, 점 등)를 보며 누가 아이의 아버지인지를 가려낸다. 이때 아버지로 지목받은 남성에게는 거부권이 없으며, 아이를 데리고 자신의 집으로 가야 한다(Bouhdiba, 2004: 188~189). 그 밖에도 현재까지 이란 지역에서 관습적으로 행해지는 '무타 *mut'ah* 결혼'•(제14장 참조), 그리고 '히바 *hibah* 결혼'••이 존재했으나 이슬람

• 문자 그대로 풀이하면 즐거움을 위한 결혼으로 결혼 기간을 설정하는 계약 결혼이다. 이때

초기 이러한 결혼 형태는 폐지되었다(El-Saadawi, 1980: 129).

현재 대부분의 아랍 이슬람 국가에서 매춘은 금지되어 있다. 그러나 이슬람 도래 이후 상당 기간 일부 지역에서는 매춘이 합법적으로 인정되기도 했다. 스페인의 안달루스 제국과 중세 이집트 파티마 왕조에서는 매춘 행위에 대해 세금을 징수했다고 한다. 이후 오스만제국 그리고 19세기 서구 식민 시대에도 매춘은 합법적으로 인정되었으며, 성병을 억제하기 위한 의료 감독은 의무사항이었다. 또한 매춘부에게 일주일에 한 번은 휴식이 허용되기도 했다(Bouhdiba, 2004: 190). 그러나 이러한 모든 제도는 이슬람의 강화와 함께 비밀 장소로 사라지게 되었다.

사생아와 이슬람의 입양제도

아랍 이슬람 국가에는 튀니지를 제외하고 법적으로 입양제도가 없다(El-Saadawi, 1980: 52). 아랍 이슬람 국가에서 입양제도가 공론화되지 않는 이유는 이슬람에서 가족은 결혼을 통한 적법한 부부 관계, 그리고 혈통으로 연계된 그들의 자녀만 인정되기 때문이다. 또한 입양 문제는 상속이라는 경제적인 자원 분배 차원에서도 민감한 주제이다.

남성은 태어난 아이에 대한 의무를 지지 않아도 된다.

●● 문자 그대로 해석하면 '희생 결혼'으로 여성이 남성에게 자신을 바친다는 선언을 하면 어떤 조건 없이 결혼이 성립된다. 여성은 남성으로부터 어떠한 경제적 도움도 받을 수 없으며, 남성은 태어난 아이에 대한 책임도 지지 않는다. 아이는 어머니의 성을 따를 수 있다.

이슬람에서 입양을 인정하지 않는 견해는 사도 무함마드로부터 비롯되었으며, 칼리파 오마르 시대에 법으로 공고히 되었다. 특히 입양 문제는 이슬람 초기 사도와 자이납과의 결혼으로 인해 분명히 정리되어야 했던 주제였다. 사도가 양자로 들였던 노예 자이드의 아내 자이납을 아내로 맞이했기 때문인데, 사도는 며느리와의 결혼에 대한 사회적 공감대와 적법성을 인정받기 위해서라도 양자를 합법적인 부자 관계로 인정하는 데 부담을 느꼈을 것이다. 이와 관련된 코란 계시는 다음과 같다.

그분은 양자로 택한 아들을
너희의 아들이라고
하지 아니 하도록 하셨노라
　　　(코란 제33장 4절)

그들을 부를 때는
그를 낳은 아버지의 이름으로 부르라
그것이 하나님 보시기에 정의로운 것이라
그러나 너희가 그를 낳은 아버지 이름을 모를 경우에는
믿음을 가진 그의 형제 또는 보호자의 이름으로 부르라
실수한 것은 너희에게 죄가 아니나
너희 마음이 의도적이었다면 너희가 죄인이라
실로 하나님은 관용과 자비로 충만하심이라
　　　(코란 제33장 5절)

한편 사도의 결혼 문제와 함께 이슬람 문화권의 입양 문제는 이슬람 도래 이전과 이후 사회 상황의 변화와 함께 바뀌게 된다. 이슬람 사회의 입양 문제를 연구한 아미라 알 아즈하리 손볼Amira Al-Azhary Sonbol에 의하면 이슬람 도래 이전 입양은 사회경제적인 이유에서 행해졌다. 부족 문화가 지배적인 베두인 중심의 아라비아 사막 문화를 고려했을 때 혈통은 생존과 번영에 가장 핵심 요소였다. 부족은 혈연으로 구성되거나 임의로 만들어진 공동체로서 사람들은 항상 자신의 소속감과 정체성을 특정한 부족의 소속으로 규정하는 습관이 있었다(Al-Azhary, 1995: 46). 보호자가 없는 사막생활은 생명의 위협과 마찬가지였기 때문이다. 그런데 사막 문화를 지배하던 남성 중심의 가부장적 관점에서 남성은 부족을 강하게 키우는 데 도움이 되지만 여성은 지켜야 할 부담스러운 존재였다. 즉, 남아의 입양은 군사력과 노동력을 제공하는 부족원 보충이라는 측면에서 긍정적으로 인식되었다. 게다가 자힐리야 시대에 재산은 부족의 공동소유였으며, 소유권의 개념은 없었다. 따라서 입양과 함께 발생될 상속 문제도 당시의 관점에서는 그리 큰 문제가 아니었다. 이러한 문화적 배경에서 당시 남아 입양은 아라비아반도에 널리 퍼진 관습이었으며, 다양한 형태로 존재했다. 아버지가 있는 경우에도 다른 부모에게 입양되기도 했으며, 자유인이 된 노예가 이전 주인의 부족원이 되기도 했다. 또한 전장에서 붙잡힌 아이나 거래된 아이도 나중에 부족의 소속원이 되기도 했다. 그러나 입양 관련 문화는 이슬람 도래 이후 바뀌게 된다. 메카가 중요한 상업 도시로 부상하면서 새로운 경제체제가 도입되었고, 전통적인 부족주의 구조에도 변화가 시작되었다. 사유재산의 개념이 생기면서 사람들은 재산 형성과 부의 분배에 더 많은 관심을 두게 되었다. 그와 함께 가족과 혈통에 대한 중요성이 부각되었으며 출신 성분을 확실히 하기 위한 도덕 규율이 중요해졌다. 결국 이러한 상황에서 입양은 줄어들었고 출신을 알 수 없는 고아나 사생아를 부정적으로 바라보았다.

오늘날 이슬람 사회는 법학파에 따라 입양에 대한 찬반 입장이 엇갈린다. 그러나 한 가지 공통되는 사실은 입양된 자는 그 집안의 성을 사용할 수 없다는 점이다. 이는 훗날 핏줄의 혼란을 가져올 수 있기 때문이다. 이슬람 율법 샤리아에는 양자에 대해 다음과 같이 규정하고 있다(*The Gulf News*, 2012년 4월 6일 자). 첫째, 양자는 자신의 원래 성을 유지해야 한다. 이와 관련해 개방적인 입장을 취하는 '예루살렘 이슬람 파트와 위원회Islamic Council of Fatwa in Jerusalem'도 양자에게 자신을 입적한 부모의 성은 부여할 수 있으나 입양 사실은 반드시 문서에 기록되어야 한다고 규정한다. 이는 양자의 유산 상속에 대한 권리 행사를 원천적으로 차단하기 위한 것이다. 둘째, 유산은 양부모가 아닌 친부모로부터만 상속받으며, 만일 양자가 친부모로부터 재산을 상속받을 경우 양부모는 양자가 성인이 될 때까지만 재산을 대신 관리할 수 있다. 마지막으로 양자가 사춘기에 도달하면 가족은 그에게 양자임을 알려야 한다. 이는 양자가 입양된 가족의 구성원과 결혼할 수 있음을 의미한다. 단, 양자가 입양된 가족의 자녀와 같은 엄마의 모유를 함께 먹고 자란 경우에는 결혼이 금지되고 있다. 이러한 배경으로 인해 아랍 세계에서는 입양 대신 고아 후원이 더욱 권고된다.

낙태, 피임, 유산, 그리고 불임

튀니지를 제외한 중동의 이슬람 국가들 대부분은 낙태를 불법으로 간주한다(그림 16-1 참조). 여성의 생명을 구하기 위한 경우에만 허용되거나 혹은 전적으로 금지하는 국가로는 아프가니스탄, 이집트, 이란, 레바논, 리비아, 오만, 수단, 시리아, 아랍에미리트, 예맨이 있으며, 여성의 건강을 보호하기 위한 경우에만 허용하는 국가로는 쿠웨이트, 모로코, 사우디아라비아 등이 있다. 낙태는 대부분의 이슬람 국가에서 불법으로 간주되기 때문에 은밀하게 행해진다.

이슬람이 발원한 당시 낙태와 관련된 자료는 거의 찾아볼 수 없다. 코란에 유산에 대한 언급이 단 한 번 나와 있을 뿐이다. 코란 제22장 2절에는 심판의 날 모든 여성이 징벌로 유산할 것이라는 계시가 있다.

그날 그대들은 지켜보리니
모든 유모가 젖 먹이는 것을 잊을 것이며
임신한 모든 여성이 유산하도다
그대는 술 취한 사람들을 볼 것이다
그들은 취한 것이 아니라
하나님의 징벌이 무서웠기 때문이다
(코란 제22장 2절)

하디스에도 여성의 낙태에 대한 언급은 없다. 다만 사람을 때려 유산하

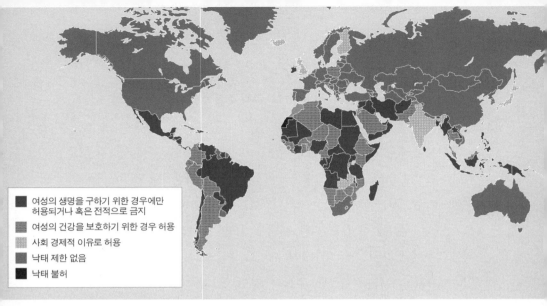

그림 16-1 **지도로 본 전 세계 낙태법 현황**
자료: Center for Reproductive Rights (2015).

범례:
- 여성의 생명을 구하기 위한 경우에만 허용되거나 혹은 전적으로 금지
- 여성의 건강을 보호하기 위한 경우 허용
- 사회 경제적 이유로 허용
- 낙태 제한 없음
- 낙태 불허

게 만든 한 여성은 '피값(혹은 보상금)Blood Money'으로 자신의 노예를 줘야 한다는 이야기가 나와 있을 뿐이다. 의학이 발달되지 않았던 당시의 상황을 고려했을 때 영아 사망은 빈번했을 것이다. 게다가 부족의 세력을 공고히 하기 위해 남아는 선택되어 살아남는 반면, 여아는 짐으로 여겨져 살해되었다. 이러한 이슬람 도래 이전의 관습을 고려했을 때 어머니의 뱃속 생명까지 통제하는 산아제한의 개념은 별 의미가 없었을 것이다. 이슬람 도래 이후에는 종교 세력 확장의 측면에서 산아제한이 아니라 출산이 장려되었고, 낙태는 사람들의 관심 밖이었음을 짐작할 수 있다.

이슬람 도래 전후 산아제한과 관련된 자료가 전무한 것과 달리 중세 무슬림 의사들의 기록에는 피임의 흔적을 찾아볼 수 있다. 피임은 주로 비합법적인 남녀 관계에서 행해졌다. 나왈 알 사으다위는 그녀의 책『이브의 숨

금기, 무슬림 여성을 엿보다

겨진 얼굴』(1980)에서 중세 이슬람 지역에서 행해졌던 피임 방법에 대해 소개한다. 대부분의 사람들은 피임의 기원을 유럽으로 알고 있으나 실상 그 기원은 이슬람 의학에서 나온 것이다. 예를 들면 이맘 알 가자리는 서구에서 고무 콘돔이 발명되기 이전에 동물의 내장으로 만들어진 자루나 보정 장치가 이슬람에서 피임 도구로 사용되었음을 소개한다.

또한 9세기 테헤란 근방에서 태어난 유명한 의사 아부 바크르 알 라지는 『알 하위Al-Hawi』라는 저서에서 피임에 대한 몇 가지 방법을 언급한 바 있다. 가장 효과적인 방법은 질외 사정, 완전 사정의 금지, 여성의 질 부위에 약물 바르기 등으로, 정액이 자궁 내로 들어가는 것을 차단하는 것이다. 이때 사용되는 약물로는 글리세린이나 양배추, 황소 담즙, 동물의 귀에서 추출한 왁스, 코끼리의 분변 등이 있었으며, 이들은 단독으로 쓰이기도 하고 또는 서로 섞어 쓰이기도 했다.

10세기 인물인 바그다드의 알리 이븐 알 압바스 알 메구시는 의약품에 대한 식견이 높은 사람이었다. 그는 이슬람 지역의 가부장 중심 문화와 명예 문화의 중요성을 잘 알고 있었기에, 피임 또는 낙태가 남녀 간 부정적인 일에 쓰이는 것을 걱정했다. 그는 오직 작은 자궁으로 고생하는 여성이나 임신으로 생명이 위험해지는 여성을 위해서만 피임이나 낙태가 선택되어야 한다고 주장했다. 또한 이슬람 역사에서 가장 유명한 의학자인 이븐 시나(서구에서는 아비 세나Avicenna라고 불리기도 한다)의 경우 저서 『의료법 Al-Kanoun fil Tib: The Laws of Medicine』에서 피임 방법을 20가지 정도 언급하고 있으며, 이는 꽤 정확하고 자세하게 기술되어 있다고 한다. 이븐 시나 역시 피임과 낙태는 치료용으로만 사용할 것을 요구했다.

이집트 출신 의사이자 여성운동가인 나왈 알 사으다위는 근대 이집트 저소득층 여성의 낙태법을 소개한다. 주로 대도시의 공장에서 일하던 이 여성들은 일자리를 유지하기 위해 결혼 사실을 숨겼다고 한다. 임신이나 건강이 안 좋을 경우 여성 노동력은 다른 노동력으로 쉽게 대체되었다. 이 때문에 여공들은 원치 않는 임신을 할 경우 다른 사람들이 이를 눈치 채지 못하도록 '물루키야Mulukhiya'라는 채소 줄기를 자궁에 삽입하는 원시적인 방법으로 낙태를 했으며, 많은 여성들이 감염이나 출혈로 사망했다고 한다.

이슬람 문화권에서 여성성을 인정받지 못하는 불임 여성들

인공적인 방법으로 생산 능력을 통제하는 여성이 있는 반면 아이를 갖지 못해 불행한 여성들도 있다. 특히 아이를 통해 자신의 정체성을 확립하는 무슬림 여성에게 불임은 치명적인 불명예로 간주된다. 무슬림 여성에게 출산과 육아는 여성을 완전하게 만드는 것으로 여겨지기 때문이다. 이슬람의 문화적 관점에서 여성은 임신과 출산을 통해 신체적으로 진정한 여성임을 보여주는 동시에 결혼에 대한 의무와 사회적 책임을 완수하는 것이다. 또한 여성은 모성을 통해 더욱 성숙된다고 믿는다. 따라서 불임은 여성이라는 성 정체성과 모성을 통한 자아 정체성 확립을 불가능하게 하여 삶의 완성을 위협하는 요소로 간주된다(Inhorn, 1996: 57). 자녀가 없는 경우 남편에게 일부다처의 빌미를 제공했기 때문에 여성들은 불임치료에 필사적이며 형편 때문에 병원을 찾을 수 없는 여성들은 아이를 갖기 위해 산파를 찾아가 각종 민간 처방을 받기도 한다.

이슬람 사회에서 모성이란

"천국은 어머니의 발밑에 있다"라는 하디스 구절은 이슬람 문화권에서 어머니와 자녀의 특별한 관계를 반영한다. 이슬람 문화권에서 모성애에 대한 인식은 아주 특별하다(Bouhdiba, 2004: 218). 아랍 이슬람 세계에서 엄마와 아이의 관계는 부부 관계보다 더 우선한다. 엄마의 입장에서 아이는 자신의 입지를 확고하게 해주는 근원이자 자원이다. 현대에 들어와 여성의 교육과 노동시장 진출이 높아지기 전까지 여성들은 아이를 더 많이 나으려는 욕심이 있었다. 이를 반영하듯 1960년대 평균 일곱 명이던 자녀수는 2006년 세 명으로 줄었다(Roudi-Fahimi and Kent, 2007). 최근 아랍 이슬람 지역의 자녀 수는 현저히 줄고 있는 상황이지만 자녀가 없는 경우 여성의 지위는 약화되기 마련이다. 그래서 여성들은 결혼 후 아이 낳는 데 우선적으로 주력한다. 엄격한 가부장적 질서 내에서 아이와 어머니의 정은 끈끈해진다. 여성들은 "남편은 바뀔 수 있지만 아이들은 그대로 머문다"고 생각한다(Bouhdiba, 2004: 215). 반면 아이의 입장에서 어머니는 가부장적이고 권위주의적인 부권의 방패막이 역할을 하는 중재자이다. 어머니는 항상 사랑으로 자식을 보호하며 돌본다. 여성 정체성의 근간을 어머니와 아내로 규정하는 이슬람 사회에서 자녀 양육에 대한 여성의 희생은 당연한 것이다. 아랍 이슬람 사회에서 아이를 잘 키운 어머니가 칭송받는 이유도 바로 이 때문이다. 그래서 아이를 잘 키운 여성에게 사회는 명예라는 이름으로 보상한다. 부디바는 남성 중심의 완고하고 보수적인 이슬람 사회를 "어머니의 왕국"으로 묘사한다.

이와 관련해 수아드 조셉Suad Joseph은 아랍 사회 구성원의 자아 형성 과정을 심리적인 차원에서 분석하고 있다. 서구는 사회화 과정에서 타인, 특히 가족으로부터 독립적이며 개별적이고 분리된 자아를 형성하는 반면 아랍은 가족 구성원 간에 서로 연결되며 의존하는 자아를 형성하게 된다. 즉, 전자는 개인주의 문화권으로, 후자는 집단주의 문화권으로 정형화된다. 조셉은 '자아(원문에서는 selves로 '자아들'. Self의 복수로 한 개인의 다양한 정체성을 의미)'는 다른 사람과의 다양한 관계를 통해 일상생활의 경험에서 형성된다고 보았으며, 자아 형성 과정, 즉 '셀빙selving'은 인생을 통틀어 지속적으로 일어난다고 보았다(Joseph, 1999). 따라서 개인주의가 발달하지 못한 아랍 이슬람 문화권에서 가족 구성원 간 너와 나를 구분 짓는 경계는 없으며, 구성원은 '서로 연결된 자아를 통해connected self' 자신의 정체성을 구축하게 된다. 즉, 아내는 남편과 자녀를 통해 자신의 사회적 지위를 만드는 것이다. 이러한 맥락에서 자녀는 또 다른 자신의 모습인 것이다. 아들이 자산으로 간주되는 아랍 사회에서 아들이 어머니의 마음속에 더욱 특별한 자리를 차지한다는 것은 말할 필요도 없다. 반대로 아들은 가부장의 방패막이가 되어주는 사랑에 대한 보답으로 어머니에게 순종을 다한다. 모성의 원동력은 자녀에 대한 책임감, 사랑, 그리고 애착이라 볼 수 있다.

17

IS, 여성, 성전,
그리고 '섹슈얼 지하드'

'IS'의 부상

최근 이슬람 관련 뉴스의 화두는 단연 IS이다. IS는 2014년 6월 '이슬람 국가Islamic State' 건설을 목표로 구성된 테러 집단의 명칭이다. 그들은 시리아 동부와 이라크 북부 주변을 장악하며 점차 자신의 세력을 확장하고 있다. 2015년 한국인의 가담 여부가 확인되면서 IS에 대한 한국 사회의 관심도 급증하고 있다.

IS는 경제력·군사력·이념면에서 차별화된 테러 조직으로, 국가의 형태를 갖추면서 진화하고 있다. 우선 경제적 관점에서 IS는 시리아와 이라크 지역의 유전 지대를 장악해 이를 국경 지대의 상인들이나 신생 정유 공장 등에 판매한다. 그들은 이라크 북부 정유 시설에서만 하루 평균 200만 달러를 벌어들이는 것으로 알려졌다(≪이투데이≫, 2015년 2월 4일 자). 또한 비무슬림에게 보호세와 통행세의 명목으로 세금을 부과하고, 인질의 몸값, 지

IS 국기
© wikipedia.org

지자들의 후원금, 고대 유물의 밀거래를 기반으로 탄탄한 경제력을 구축하고 있다. IS는 자금력으로 국가와 민족을 초월해 전 세계 젊은이들의 자발적인 참여를 유도한다. IS는 대원들에게 매달 400~500

달러(외국인의 경우 더 많이 지급)를 월급으로 제공하고, 전투원이 결혼하면 가구가 딸린 집과 보조금을 주며, 사망 시에는 유족에게 수천 달러의 위로금을 전달한다. 또한 SNS를 활용해 조직을 홍보하고 관련 게임이나 서적 출판을 통한 광고에도 적극적이다. 그 결과 IS에 대한 환상에 빠진 아랍의 젊은이뿐만 아니라 서구 젊은이들의 참여가 이어지고 있다. 미국 정부는 IS 활동대원 수를 1만 5000명으로 추산하고 있다. 이 중 20%는 외국인이다 (CNN, 2014년 9월 14일 자). 시리아 인권감시단체에 의하면 2014년 7월 한 달 간 IS에 가담한 신입대원만 6300명에 달하며, 그 수는 점차 증가할 것으로 예측되고 있다. IS는 근본주의 이슬람이라는 종교적 이념으로 중무장하고, 테러를 성전으로 정당화하며 대원들의 사기를 높이고 있다.

금기, 무슬림 여성을 엿보다

여성을 성전의 도구로 활용하는 IS

충격적인 사실은 IS가 여성을 성전의 도구로 활용한다는 것이다. IS는 주둔지 주변 여성들을 납치해 성노예로 삼고, 마을 사람들에게 결혼하지 않은 여성을 공물로 바치도록 강요하고 있다. 원치 않는 강간에 대한 수치심을 견디지 못한 여성들은 자살을 택한다. 간혹 여성이 강간에 대해 증언하면 집으로 찾아가 복수라는 명분 아래 남성들은 학살하고 여성들에게는 다시 성범죄를 저지른다. IS 대원들의 여성에 대한 무자비한 만행은 이슬람 국가 설립이라는 목표 달성을 위해 남성 대원들의 사기 진작 수단으로 활용되고 있다. 그런데 무고한 여성에 대한 성폭력은 이슬람의 성전 '지하드Jihad'라는 이름을 빌려 '섹슈얼 지하드Sexual Jihad'라는 이름으로 숭고하게 포장되어 재탄생했다. 놀라운 것은 영국, 호주, 말레이시아 여성들의 자발적인 '섹슈얼 지하드' 참여도 종종 보도되고 있다는 점이다. 최근 영국의 퀼리엄 재단이 영어로 번역한 IS의 여성 선언문은 미개하기까지 하다. 40쪽 분량의 이 선언문에는 "여성은 항상 가려진 채로 사는 게 바람직하다", "모든 여성은 후대를 생산·양육하는 것을 존재의 목적으로 삼아야 한다", "여성의 합법적인 결혼연령은 9세부터이며(아이샤가 결혼한 나이), 순결한 여성은 16~17세에 결혼한다", "여성은 10~12세에 뜨개질과 요리를 배워야 한다" 등의 내용이 담겨 있다(≪조선일보≫, 2015년 2월 7일 자). 그리고 그들은 가장 완벽했던 시대인 이슬람 초기 시대로 돌아가야 한다고 주장한다.

이미 많은 학자들에 의해 변론되어왔으나 다시 한 번 되새길 점은 이슬람교는 여성에 대해 자비로운 종교라는 것이다. 7세기에 창시된 이슬람교는 주변인으로서, 타인으로서, 그리고 객체로서 살아왔던 여성의 지위를 획기적으로 변화시켰다. 오늘날 이슬람 지역 여성의 지위가 여전히 낮은 이유는 이슬람에 대한 해석의 문제가 작용하기 때문이다. 이와 관련해 이슬람 페미니스트들은 여성 혐오 종교로 낙인찍힌 이슬람교와 여성해방을 목표로 한 페미니즘이라는 두 개의 상반된 패러다임 간 화합을 모색하고 있다. 그리고 무슬림 여성의 지위 하락에 대한 원인을 이슬람의 교리에서 찾기보다 이를 해석한 가부장제의 인식에서 찾는다. 앞서 소개한 바처럼 바를라스는 여성의 시각에서 코란의 재해석을 시도하기도 했다(Barlas, 2002). 바를라스는 이슬람의 교리를 해석한 '타프시르'와 사도 무함마드의 언행록인 '하디스'의 생산 주체는 남성이었으며, 남성들은 부족 중심의 가부장 사회의 질서를 유지하기 위해 선별적으로 '신의 말씀'을 선택해 여성을 지배해왔다고 비판하고 있다. 이슬람 페미니스트들은 변화하는 시대에 적응하고 진화하는 대신 이슬람의 교리를 7세기 역사 속에 가둬버린 보수적이고 근본주의적인 종교 해석을 비난한다. 여성을 성적 도구로 여기며, 이를 성전으로 둔갑시킨 IS의 무자비한 태도 역시 이슬람의 교리에 무지한 그들의 왜곡된 시선에서 찾을 수 있다.

IS에 맞불 작전으로 대응하는 쿠르드족 여성 민병대

그러나 희망이 전혀 없는 것은 아니다. '이에는 이, 눈에는 눈'이라는 함무라비 법전처럼 여성에 부정적인 그들의 인식을 이용해 IS 격파에 성공하는 쿠르드족 여성 민병대의 사례가 아주 통쾌하다. 이라크 내 쿠르드족 민병대의 30% 이상은 여성으로 구성되어 있다. 그녀들은 IS를 상대로 모술댐을 탈환하는 등 최대의 전과를 올리고 있다. 쿠르드족 여군의 IS 격파 뒤에는 역설적으로 IS의 성차별 관념이 작용했다. '지하드에서 죽은 무슬림은 천국에 가서 처녀 70명을 가질 수 있다'는 믿음이 '여자 손에 죽은 남자'에겐 적용되지 않는다는 남성들의 인식이 그것이다(≪조선일보≫, 2014년 10월 2일자). 이 때문에 IS 대원들은 쿠르드족 여성 민병대와의 전쟁을 피한다고 한다. 2014년 현재 민병대에 참여하는 여성 전사 수는 1000명에서 2000명으로 증가했다. 전장에서의 무슬림 여성 활약상은 이슬람 초기 사도 무함마드를 옹호하며 우흐드 전투에서 메카 군대에 맞서 용맹하게 싸운 누사이바 카웁 알 안사리야(움 아마라)와 야르무크 전투에서 비잔틴 군대에 맞서 싸운 카울라 알 아즈와르 등 7세기 무슬림 여성 전사의 모습에서 찾아볼 수 있다.

IS의 부상으로 염려되는 것은 동영상을 통해 종종 공개되는 그들의 잔혹성과 여성에 대한 미개하고 원시적인 행각이 일반 무고한 무슬림들에게 미치는 제2차 피해이다. 가뜩이나 9·11 사태 이후 무슬림은 전 세계인의 차가운 시선에 위축되어 있다. 이러한 상황에서 이슬람의 교리와 이념을 엉뚱하게 해석하고 이용하는 IS의 만행과 이 때문에 벌어지는 무고한 일반인들의 피해가 염려스럽다.

18

가부장 사회에 대한 무슬림 여성의 저항운동, 그 시작은 남성

이집트, 아랍 이슬람 사회의 여성운동을 이끈 최초의 국가

아랍 이슬람 국가 중 여성운동에 눈을 뜬 국가는 이집트였다. 이집트는 서구에 문호를 개방한 첫 아랍 국가로, 18세기 나폴레옹의 정복 사업에 의해 이루어졌다. 이후 영국의 식민 지배를 받으며 서구에 반기를 들고 독립운동을 주도했다. 이집트는 1900년대 전후 아랍 세계 혁명과 개혁의 기수 역할을 수행했으며, 아랍 이슬람 세계의 문화를 선도했다. 19세기와 20세기 초반 서구의 식민 지배하에서 무슬림 여성 문제는 이슬람 계몽 운동과 민족주의 운동의 중심 주제로 부상했다. 그리고 그 시작은 남성에 의해 촉발되었다.

아랍 세계의 계몽 운동은 비아랍 출신 무슬림 계몽 운동가인 가말 앗 딘 알 아프가니와 이집트 출신 지식인인 리파 라피 앗 타흐타위에 의해 시작되었다. 알 아프가니는 『꼬아진 다리One Leg Crossed over the Other』(1855)에서 여성해방에 대해 처음으로 언급했으며, 앗 타흐타위는 『여아와 남아의 교육 가이드A Guide to the Education of Girls and Boys』(1872)와 『파리에서의 프레임워크 요약A Summary Framework on Paris』(1902)에서 교육의 중요성을 언급했다. 그들은 서구에 대항한 독립운동의 틀에서 여성 교육의 중요성을 강조했다. 한편 까심 아민은 1900년도에 여성 문제를 전적으로 다룬 단행본인 『여성해방Tehrir El Mara'a』을 출간했으며, 1911년에는 『신여성El-Mara'a El-

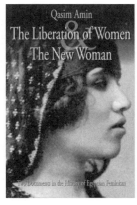

대표적인 무슬림 남성 페미니스트, 까심 아민의 저서
© Qasim Amin

Guedid』을 출판해 여성 교육의 필요성을 역설했다. 그는 여성 교육이 올바른 가정을 유지하고 국가의 밝은 미래를 보장한다고 보았다. 여성운동의 중요성을 설파한 무함마드 압두 역시 이슬람 사회 여성의 열악한 사회적 지위, 일부다처제와 남성에게만 주어진 이혼권, 첩 제도와 여성 노예제도에 대한 비판을 서슴지 않았으며, 이슬람교의 가치 안에서 남성과 여성의 동등한 권리를 주창했다. 그 결과 그는 종교 보수주의 세력과 사상가들로부터 공격을 받기도 했다(El-Saadawi, 1980: 171).

비록 그 출발은 남성이었으나 이집트 여성운동은 여성들의 자발적 참여로 더욱 확산되었다. 1908년 상류층 지식인 여성을 중심으로 여성 기구 '여성 발전을 위한 사회The Society for Advancement of Women'와 1914년 후다 샤으라위와 말리카 알 파시가 설립한 '이집트 여성 지식인 연합Intellectual Association of Egyptian women'을 시작으로 다수의 여성 단체가 조직되었다. 그들은 독립을 위해 남성과 함께 저항운동을 전개했으며 민족주의의 틀 안에서 여성의 계몽을 주창했다. 여성은 남성과 함께 독립운동에 주체적으로 동참했다. 1919년 이집트 여성의 독립운동 참여, 1925년 시리아 여성의 독립운동 참여, 이후 이라크에서 제국주의와 왕정 정치를 철폐하기 위한 여성들의 참여, 알제리와 팔레스타인 여성의 독립운동 참여가 모두 이러한 틀에서 이해할 수 있다.

여성운동의 상징, 무슬림 여성의 베일

여성운동의 중심에는 항상 베일이 존재해왔다. 베일에는 여성에 대한 이슬람의 문화적·종교적 의미뿐만 아니라 정치적 함의도 담겨 있기 때문이다. 특히 19세기 중동을 지배하던 서구의 관점에서 베일은 이슬람의 미개함과 여성 억압을 상징했다. 따라서 당시 서구 여성운동에 영감을 얻은 근대 아랍 여성운동가들도 베일을 부정적으로 인식했다. 그래서 이집트 여성운동가인 후다 샤으라위는 1923년 이집트 페미니스트 연합Egyptian Feminist Union을 조직하고, 같은 해 5월 로마 회의에서 돌아오는 카이로행 기차에서 내리자마자 친구 나바르위와 함께 베일을 벗어던졌다. 그녀들은 베일을 벗는 행위를 전통과 억압에 대항한 여성해방으로 여겼다. 그러나 이집트 사회는 여성의 탈脫베일을 받아들일 준비가 되지 않았으며, 전통과 관습에 반하는 그녀들의 행위는 사회에 큰 파장을 일으켰다. 후다 샤으라위의 베일을 벗는 행위를 기점으로 20세기 초반 카이로에서는 베일을 벗는 여성들이

1400년의 금기를 깨고 무슬림 여성 최초로 베일을 벗어 던진 후다 샤으라위
© Neo-Griot (flickr.com)

속출하기 시작했다. 탈베일은 서구의 문물을 쉽게 접할 수 있는 상류층 여성 엘리트를 중심으로 이루어졌다. 이후 이집트 근대 여성운동은 한 방향으로만 흐르지 않았다. 여성운동 안에서는 다양한 목소리가 공존하며 발전해왔다. 일부는 서구식 여성해방을 모방했으나 일부는 이슬람의 틀 안에서 여성 계몽을 보려는 시각도 등장했다. 대표적인 인물이 말락 히프니 나세프로 서구 중심적인 페미니즘에 반기를 들며 샤으라위의 탈베일을 반대하기도 했다.

19

사우디아라비아의
여성 운전 허용 운동의 역사

사우디아라비아의 풀뿌리 여성운동, 'Women2Drive'

전 세계에서 가장 보수적인 곳으로 꼽히며, 여성에게 차별적인 정책을 시행하는 사우디아라비아에서도 여성운동이 가시화되고 있다. 가장 대표적인 것이 바로 여성의 운전 허용을 위한 캠페인이다.

성문법이 없는 사우디아라비아는 여성의 운전을 금지하는 법 조항이 실질적으로 없다. 다만 사우디아라비아의 여성 운전 금지는 관습법에 의해 규제받는 상황이다. 사우디아라비아 당국은 여성에게는 운전면허증을 발급하지 않기 때문에 면허증을 소지하지 못한 여성의 운전은 위법 사항이다. 여성의 운전 금지와 관련해 2014년 11월 남성 보호자인 마흐람*mahram*이 여성의 운전을 허락할 경우, 제한적인 상황 — 낮 시간, 공공장소, 단정한 의복을 입을 경우 — 에서 운전을 허용한다는 AP 통신의 보도가 있었으나 이는 오보로 판명되었고, 사우디아라비아 여성의 기대는 물거품이 되었다.

'위민 투 드라이브' 운동 포스터와 카를로스 라투프(Carlos Latuff) 작품
© wikipedia.org.

사우디아라비아 여성은 운전 금지법에 저항하기 위해 다양한 방식으로 투쟁을 벌여왔다. 그 시작은 여성 수십 명이 리야드 시내에서 자동차를 운전하며 시위를 벌였던 1990년대로 거슬러 올라간다. 당시 시위에 참가했던 여성 대부분은 체포되었으며, 여권은 몰수되었다. 이후 여성운동가인 와제하 알 후와이데르를 비롯한 몇몇 여성들은 2007년 압둘라 국왕에게 여성의 운전 허용에 대한 탄원서를 제출한 바 있으며, 자신이 운전하는 모습을 직접 영상으로 찍어 유튜브youtube에 올렸다. 이 영상은 2008년 국제 여성의 날에 세계인의 주목을 끌기도 했다. 한동안 잠잠하던 사우디아라비아 내 여성의 운전 허용 캠페인은 2011년 발발한 아랍의 봄을 계기로 다시 불붙기 시작했다. 알 후와이데르와 마날 아 샤리프는 유튜브와 페이스 북을 활용해 '위민 투 드라이브Women2Drive'라는 좀 더 강력한 형태의 캠페인을 조직했으며, 수많은 여성이 이 운동에 동참했다. 2013년 10월 26일 여성운동가들은 여성 운전 캠페인을 조직했고, 이를 저지하기 위해 사우디아라비아의 최고 성직자는 여성이 운전을 할 경우 난소를 심각하게 망가뜨려 출산에 악영향을 미칠 것이라고 설득하기도 했다. 이에 대해 사우디아라비아 출신

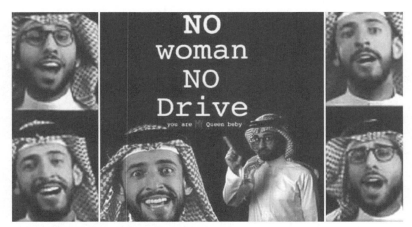

사우디아라비아 여성의 운전 허용을 위한 남성의 참여, 히샴 파기의 동영상
© Hisham Fageeh

인권 운동가인 히샴 파기라는 청년은 노래 「노 우먼, 노 크라이No Women, No Cry」를 개사해 'No Women, No Drive'라는 제목으로 사우디아라비아의 여성 운전 금지의 이유를 익살스럽게 비난하기도 했다. 유튜브를 통해 전 세계에 유포된 이 영상의 조회 수는 700만 건(2013년 기준)에 달할 정도로 인기가 높았다(*The Indenpendent*, 2013년 10월 30일 자).

사우디아라비아 여성 운전 허용을 위한 운동 전개 과정

2018년 6월 24일 드디어 사우디아라비아 여성은 직접 차를 몰고 거리로 나올 수 있었다. 여성들은 자유를 만끽했으며 환호했다. 그러나 그 여정까지 여성들은 힘겨운 싸움을 해왔다. 사우디아라비아의 여성운동가들은 지난 20년간 운전의 권리를 확보하기 위해 거리로 나와 보수적인 사회 분위기와 와하비Wahhabi 신봉자들인 이슬람 성직자들과 맞서왔다. 고故 압둘라 국왕이 등극한 2005년 이후 사우디아라비아 여성은 많은 변화를 겪었다. 압둘라 국왕은 사우디아라비아 내 KAUST 남녀공학 설립, 여성의 노동시장 확대, 슈라위원회• 여성 위원 30명 임명, 2015년 여성의 선거권 부여와 같이 전례 없는 여성 친화 정책을 시행해왔다. 그러나 유독 여성의 운전 문제만큼은 속 시원한 결정을 내리지 못했다. 여기에는 사우디아라비아 내부 정치권과 종교계의 이해관계, 종교계 내부의 다양한 파벌 싸움, 구세대와 신세대 간 이념 갈등 등 많은 요소가 작용했다. 사우디아라비아 여성들은 여성운동을 통해 자립적으로 자신의 권리를 확보하기 힘든 상황이었다.

그 배경으로는 우선 문화적인 관점에서 사우디아라비아를 비롯한 아랍 세계는 '위에서 아래로top to down'의 명령 체계에 익숙하다. 아랫사람은 윗사람의 복종을 미덕으로 여기며, '아래부터 위로down to top'의 대화 체제는 권위와 전통에 대한 도전으로 인식된다. 이러한 상황에서 여성들이 운전 허용을 위해 풀뿌리 운동을 조직하는 것은 전통에 대한 도전과 파괴로 인식되며 부정적으로 간주되었다. 이와 더불어 여성들 내부의 종속적 의식도

• 슈라위원회는 사우디아라비아 국왕의 국정자문기구로, 2013년에는 여성의 정치 참여 확대를 위해 여성 위원 30명이 임명되었다. 그 결과 전체 150명의 위원 중 여성이 20%를 차지하게 되었다. 이는 사우디아라비아 압둘라 국왕의 여성에 대한 개혁 정책의 결과로 평가받는다.

여성운동에 대해 부정적이다. 사우디아라비아 여성은 남성에 복종하도록 교육받아왔고, 이로 인해 자신의 목소리를 내는 방법에 대해 무지하거나 서투르다. 둘째, 제도적인 차원에서 사우디아라비아는 열악한 여성의 지위를 대변할 공식적인 단체가 전무한 실정이다. 사우디아라비아는 자선단체를 제외한 그 어떤 단체의 설립도 불법으로 간주되기 때문이다. 사우디아라비아에서는 2014년 현재 470여 개의 자선단체가 설립되어 있으며, 이 중 40개는 왕의 칙령에 의해 설립된 것이다(ICNL, 2014). 이와 더불어 사우디아라비아에서는 여성운동을 태생적으로 서구의 산물로 간주하며 부정적으로 본다. 여성운동은 가족보다 개인을 중시하는 이기적인 행위로 해석되며 가족 문화를 붕괴할 위험 요소로까지 인식되기 때문이다. 따라서 여성운동에 대해 남성뿐만 아니라 여성도 상당한 거부감을 느끼는 실정이다.

사우디아라비아 여성운동의 미래

따라서 사우디아라비아 여성이 여성운동에서 성공을 거두기 위해서는 아랍의 전통적인 의사 도출 방식인 연대를 통한 지지 세력의 확보와 사회적 합의 도출이 필요하다. 여성들은 단독으로 거리에서 시위를 벌이기보다 온라인과 오프라인, 국내와 국외, 여성과 남성이 함께 연대하여 전 방위적인 설득의 메커니즘을 구축해야 할 것이다.

사우디아라비아 여성운동의 현주소는 아직 걸음마 단계이다. 여성운동은 구심점도 없고 지도자도 없어 표류 중이다. 사우디아라비아의 여성운동가들의 용기와 노력이 결실을 맺기 위해서는 앞으로 더 많은 시간이 필요할 것이다. 그럼에도 2012년 영화 〈와즈다Wadjda〉가 사우디아라비아 사회에 미치는 파급 효과를 보면 사우디아라비아 사회의 변화도 아주 불가능한 것만은 아닌 것 같다. 단지 시간이 걸릴 뿐이다

영화 〈와즈다〉의 상영으로 2013년, 사우디아라비아에서는 보호자를 동반하고 적당한 의상을 입은 경우 자전거를 탈 수 있게 되었다.

영화 〈와즈다〉 포스터
© Haifaa Al-Mansour

20

서서히 드러나는,
베일 속에 감춰진 무슬림 여성의 욕망

베일 속에 감춰진 무슬림 여성의 욕망과 아이러니

이슬람 사회에서 여성성을 베일로 감추려는 것이 남성의 의도였다면 이는 실패한 것 같다. 베일은 이미 패션 상품화가 되어 무슬림 여성에게 '감추는' 문화코드가 아닌 자신의 이미지를 '드러내는' 문화코드가 되어버렸다. 여성들은 형형색색의 베일뿐만 아니라 자신이 드러낼 수 있는 부분을 최대한 강조해 남성에게 어필한다. 이를 반영하듯 최근의 뉴스들은 '감추고 드러내는' 이슬람 지역 여성의 아이러니한 상황을 보여준다. 일례로 세계 제7대 화장품 시장 중 하나인 이란에서는 여성들이 잠자리에서 일어나는 순간부터 메이크업을 시작하고 심지어 몸이 아픈 상황에서도 밖을 나갈 때는 화장을 한다고 한다. 또한 프랑스 여성이 4개월에 하나씩 마스카라를 구입하는 반면 이란 여성은 한 달에 하나씩 소비한다고 한다(*chinatopix*, 2014년 6월 23일 자). 세계에서 가장 높은 이혼율을 자랑하는 사우디아라비아에서 아내는 남편을 '믿지 못할 존재'라고 비난하는 반면, 남편은 아내를 '화장 중독자'라고 질책한다. 그런데 웃지 못할 사실은 사우디아라비아 여성들은 화장품 구매에 돈을 쓰는 이유를 남편에게 돌린다는 점이다. 그녀들은 화장품 구입에 많은 돈을 쓰는 이유가 남편을 즐겁게 하기 위해, 그리고 남편을 사로잡기 위한 것이라고 답변한다(*Emirates 247*, 2012년 3월 20일 자).

이는 최근 이슬람 지역 화장품 시장 급성장으로 이어지고 있다. 화장품 시장의 급성장은 여성이 사회 진출을 막 시작한 사우디아라비아와 아랍에미리트에서 가장 확연하게 나타난다. 2012년 뷰티월드 박람회Beauty World Exhibition에 의하면 아랍 지역에 속한 사우디아라비아와 아랍에미리트의 화장품 시장이 전 세계 화장품 시장에서 가장 빠르게 성장하고 있다. 사우디아라비아 여성은 1년에 약 1만 4000리얄(약 3700달러)을 화장품 구매에 쓰는 것으로 나타났다. 아랍에메리트는 사우디아라비아에 이어 두 번째로 큰 화장품 소비 시장으로, 2014년 기준으로 3억 3100만 달러에 달했다고 한다(*albawaba*, 2012년 7월 11일 자). 이러한 현상은 비록 베일에 가려 있으나 무슬림 여성도 다른 사람에게 예쁘게 보이고자 하는 욕망이 있음을 알려준다. 그녀들은 다이어트를 사명으로 여기며, 빛나는 피부를 얻기 위해 필링을 하고, 고양이 같은 섹시한 눈을 만들기 위해 눈꼬리를 성형하며, 매부리코를 낮추고, 머리카락을 이식하고, 입술을 부풀리는 수술도 마다하지 않는다.

'가리면서 드러내는' 모순에 대한 진단

그렇다면 무슬림 여성이 유독 외모에 관심을 보이는 이유는 무엇일까? 물론 자신을 아름답게 가꾸려는 인간의 본능적인 욕구도 있다. 그러나 이는 차지하더라도 여기에는 혼전 이성과의 만남을 불명예로 여기는 사회 분위기와 이슬람법에 따라 일부다처제가 허용되는 결혼제도가 한몫을 한다. 무슬림 젊은이들에게 혼전 상대방의 탐색 기간은 제한되어 있다. 즉, 이슬람 사회는 상대의 매력을 알아가는 연애 기간이 없기 때문에 여성들은 오로지 외모로만 상대에게 어필할 수 있다. 내적인 아름다움을 보여줄 수 있는 기회가 없는 무슬림 여성들이 외모에 더 많은 투자를 할 수밖에 없는 상황인 것이다. 여성들은 매력적인 외모로 자신의 가치를 극대화할 뿐 아니라

눈 화장을 짙게 한 채 베일로 꽁꽁 가린 여성
© herman yahaya (flickr.com)

남성의 시선을 묶어둔다. 이와 관련해 혼전 이성에 대한 파악 기간의 부재가 한 여성의 인생에 씻을 수 없는 오점을 남긴 사우디아라비아의 이혼 사례는 매우 씁쓸하다.

사우디아라비아의 메디나에서는 결혼식 후 기념사진을 찍는 자리에서 신부의 얼굴을 처음 본 신랑이 "당신과 결혼할 수 없다"며 신부에게 이혼을 통보했다. 이에 충격 받은 신부는 울며 졸도했고, 하객들은 놀라 신부 주위에 몰려들어 신

랑의 마음을 돌리려 설득했으나 소용이 없었다(≪뉴시스≫, 2014년 11월 19일자). 이와 같은 제도적 문제 외에도 아랍 무슬림 여성은 남자가 자신을 다른 여성과 비교하는 것에 민감하다. 그런데 인터넷과 위성 TV, 그리고 다양한 미디어에서 보여주는 매력적인 여성상은, 여성이 외모에 대해 느끼는 부담감과 긴장감을 가중시킨다. 즉, 종교적·관습적·문화적 억제가 욕구 분출을 위한 또 다른 창구를 만들고 있는 것이다.

21

보수적인 사회의 무슬림 여성,
여가 문화를 어떻게 즐기나

남성의 영역, 그리고 여성의 영역

이슬람 문화권만큼 성에 따른 공간 분리에 엄격한 지역은 없다. 남성은
공적이며 공식적으로 드러나는visible 공간에서 활동하는 반면 여성은 사적
이며 비공식적인 공간에서 드러나지 않게invisible 활동한다. 이분법적으로
정해진 공간의 개념을 넘어서는 순간, 그 남성 혹은 그 여성은 명예를 잃게
되며 사회적 비난을 받는다. 이러한 비난을 피하기 위해 여성은 주로 집 안
에서 생활하고 거리에 나설 때는 베일을 쓴다. 공적 공간에서는 여성을 '마
치 없는as if' 사람 취급하며 눈길도 주지 않는다(Gilsenan, 1982: 188). 같은
맥락에서 모로코의 인류학자 머니시는 모로코에 존재하는 '두 개의 다른 영
역'에 대해 언급했다. 두 영역은 물과 기름 같아 서로 섞이지도 않으며 분명
하게 분리되어 있다. 두 영역 중 하나는 '남성의 세계the universe of men', 또
다른 하나는 '여성의 세계the universe of women'이다(Mernissi, 1985: 138). 남성

의 세계는 종교적이며 신성하고 권력이 부여되는 공적 공간인 반면, 여성의 영역은 세속적이고 성적이며 사적인 공간이다. 문화적·종교적으로 규정된 남녀의 공간을 넘는다는 것은 사회질서를 어지럽히는 위협으로 간주되며, 그 순간 '침입자'의 명예는 상처를 입는다. 그 침입자가 여성인 경우 남성보다 더욱 큰 타격을 받게 된다.

그런데 이렇게 공고한 이슬람 세계의 공간 질서를 무너뜨린 것이 바로 자본주의의 산물인 몰mall이다. 적어도 몰이라는 공간에서 자신을 드러내며 쇼핑하는 여성에게는 '위협자' 혹은 '침입자'라는 딱지를 붙이지 않는다. 수치심을 안겨주지도 않는다. 이와 관련해 프리맨Freeman은 "소비가 사회적 가치에 정면 도전하지 않으면서 자신의 개인적 욕망을 드러낼 수 있는 도덕적 자유를 여성에게 제공했다(Durakbasa and Cindoglu, 2002: 81에서 재인용)"고 언급한다. 다시 말해 몰이라는 공간은 공적인 공간에서 활동하며 자신을 드러나는 여성에게 사회적 방패막이가 되어주었다. 그리고 여성들은 몰이라는 공간을 활용해 사회적 관습과 개인적 욕망 사이에서 '협상'을 하고 있다. 과연 몰이란 여성에게 어떤 공간일까?

아랍 무슬림 여성들의 여가 문화

걸프 지역 젊은이의 여가 문화에 대해 연구한 글로벌 컨설팅 기업인 부즈 앤드 컴퍼니의 보고서 「GCC 국가의 젊은이들: 도전과 만나다Youth in GCC Countries: Meeting the Challenge」(2011)에 의하면 아랍의 젊은이들에게 딱히 놀

거리가 없음을 알 수 있다. 그들의 주요 여가활동은 집에서 이루어진다. 젊은이들은 주로 집에서 가족과 함께 TV를 보거나, 이야기를 나누거나, 혼자 앉아서 인터넷 서핑을 하거나, 책을 읽으며 대부분의 시간을 보낸다. 운동은 거의 하지 않으며 기껏해야 걷기가 최고의 운동이다. 이런 상황에서 몰은 무슬림 젊은이들에게 '해소의 공간'으로 부상했다.

무슬림 젊은이들에게 몰이 종교적·사회적 제약으로부터 벗어날 수 있는 출구의 역할을 하기 때문이다. 이집트의 쇼핑몰과 소비문화를 연구한 아바자는 몰을 1990년대 이후 강화된 이슬람의 영향력에 반항심을 느끼는 젊은이들의 욕구 분출 공간으로 보았다(Abaza, 2001b). 이슬람의 엄격한 종교적·사회적 규범에 싫증이 난 젊은이들은 세련되고 깔끔하게 단장된 몰에서 쇼핑을 즐길 뿐 아니라 이성과 만나기도 하며 심지어 모르는 이성과 함께 어울린다. 아바자는 몰의 등장 결과 공적 공간에서 남녀유별을 추구하는 이슬람의 규범은 완화되는 현상을 보이고 있으며, 글로벌 소비문화에 노출된 젊은이들의 취향 역시 다변화됨을 지적한다. 이러한 현상은 이슬람 문화권에서 가장 보수적인 지역으로 알려진 걸프 지역에서도 마찬가지로 나타나고 있다. 몰링을 하는 걸프 지역 젊은이들은 휴대전화의 블루투스 기능을 활용해 심지어는 모르는 이성과 메시지를 교환하고 비밀스러운 접촉을 시도한다. 즉, 이들은 몰링을 통해 사회규범의 경계를 넘나들고 자신의 욕구를 분출하고 있는 것이다.

이 지역의 젊은이들이 몰링을 즐기는 또 다른 사회적 이유는 — 앞서 언급한 바처럼 — 젊은 인구수가 전체 인구수의 50%를 차지하는데도 그들만을 위한 문화가 부재하다는 것이다. 취미활동을 통해 자신의 끼를 발산할 수 없는 젊은이들이 다양한 즐길 거리가 있는 몰에 몰리는 것이다. 이는 여성의 경우 더욱 두드러진다. 아랍 지역에는 여성을 위한 스포츠나 문화 시설이 취약하기 때문이다. 이러한 환경적 제약 외에도 여성의 사회 진출이 남성에 비해 제한된 이슬람 사회에서 점점 더 많은 여성들은 여가활동을 즐기기 위해 몰에 나와 시간을 보내고 있다.

무슬림 여성, 몰에서 무엇을 하는가

남성에 비해 야외활동에 제약을 받는 걸프 지역 젊은 여성들은 몰에서 친구들과 어울리며 자신의 개성과 욕구를 충족한다. 특히 몰 내의 신발, 의류, 화장품 등 여성용품 매장은 구매력이 있으면서 결혼하지 않은 젊은 여성들 사이에 '나'를 위한 소비가 증가 추세에 있음을 보여준다. 전통 의상을 입은 여성들은 자신의 구매력을 옷을 통해 직접적으로 보여줄 수 없기 때문에 최고급 핸드백과 선글라스, 그리고 고가의 휴대전화로 자신의 소비력을 타인에게 보여준다. 또한 여성들은 가족으로부터 벗어나 친구들과 함께 여가 문화를 즐기기도 한다. 저녁 시간이 되면 아바야를 입은 젊은 여성들이 극장 앞에 모여 친구를 기다리거나 음식점이나 커피숍에서 친구와 시간을 보내는 모습을 볼 수 있다. 특히 극장은 몰이 등장하기 이전에는 이슬람 문화권 여성이 접근하기 어려운 공간이었다. 어두운 공간에서 은밀한 만남이 이루어질 수 있기 때문에 정숙한 여성이 가기에는 부적합했기 때문이다. 아이러니하게도 몰의 부상으로 이슬람의 교리에 따라 공적인 공간에서는

쇼핑몰의 여성 의류 매장
© flickr.com

'감춰진' 무슬림 여성이 글로벌 소비문화의 공간에서는 가장 '드러나는' 문화코드로 부상하게 되었다. 다시 말해 걸프 지역 여성은 몰의 등장으로 인해 소비문화의 적극적인 향유자이자 패션 창출의 선도자가 된 것이다.

금기, 무슬림 여성을 엿보다

골래허, 데이비드(David L. Gollaher). 2004. 『할례 포경수술 성기훼손』. 변기찬 옮김. 문화디자인.

드렌스, 옐토(Jelto Drenth). 2007. 『버자이너 문화사: 교양과 문화로 읽는 여성 성기의 모든 것』. 김명남 옮김. 동아시아

마이어, 다니엘라·마이어(Daniela F. Mayr and Klaus O. Mayr). 2004. 『털: 수염과 머리카락을 중심으로 본 체모의 문화사』. 김희상 옮김. 작가정신.

암스트롱, 카렌(Karen Armstrong). 2001. 『무함마드 평전』. 유혜경 옮김. 미다스북스.

언더힐, 파코(Paco Underhill). 2008. 『쇼핑의 유혹: 세계를 사로잡은 새로운 소비 트렌드』. 송희령 옮김. 미래의 창.

엄익란. 2009. 『무슬림 마음속에는 무엇이 있을까: 일상생활 속에 숨겨진 아랍무슬림의 문화코드 읽기』. 한울.

_____. 2011. 『할랄, 신이 허락한 음식만 먹는다』. 한울.

파하드 국장 성 꾸란 출판청. 1996. 『성 꾸란: 의미의 한국어』. 최영길 옮김. 사우디아라비아: 파하드 국장 성 꾸란 출판청.

Abu-Lughod, Lila. 1996. *Veiled Sentiments: Honor and Poetry in a Bedouin Society*. University of California Press.

Willoughby, John. 2008. "Segmented feminization and the Decline of Neopatriarchy in GCC countries of the Persian Gulf." *Comparative Studies of South Asia Africa and the Middle East*. Vol. 28, No. 1. pp. 184~198.

Abaza, Mona. 2001a. "Perceptions of 'Urfi Marriage in the Egyptian Press." *ISIM Review*. International Institute for the Study of Islam in the Modern World, Leiden. No. 7.

_____. 2001b. "Shopping Malls, Consumer Culture and the Reshaping of Public Space in

Egypt." *Theory, Culture and Society*. London, Thousand Oaks and New Delhi: SAGE. Vol.18(5). pp.97~122.

Ahmed, Leila. 1992. *Women and Gender in Islam: Historical Roots of a Modern Debate*. Yale University Press: New Haven.

Al-Azhary Sonbol, Amira. 1995. "Adoption in Islamic society: A Historical Survey." Elizabeth Warnock Fernea(ed.). *Children in the Muslim Middle East*. University of Texas Press.

Al-Kassir, Maliha Awni. 1991. "The Family in Iraq." from Man Singh Das(ed.). *The Family in the Muslim World*. New Delhi: M. D. Publications Pvt. Ltd.

Al-Lamky, Asya. 2006. "Feminizing leadership in Arab societies: The Perspectives of Omani Female Leaders." *Women in Management Review*. Vol.22 No.1, pp 49~67.

Antoun, Richard T. 1972. *Arab Village: A Social Structural Study of a Trans - Jordanian Peasant Community*. Bloomingtonand London: Indiana University Press.

Arthur, Lisa. 2000. "Henna Salon", *Arts & Activities*. Vol.127, Issue5. retrieved from http://ejournals.ebsco.com.

Augsburg, Kristin, Isabell A. and Claus, Kasim Randeree. 2009. "Leadership and the Emirati women: Breaking the glass ceiling in the Arabian Gulf." *International Economics Book Series*. Vol.4. LIT-Verlag, Berlin.

Barlas, Asma. 2002. "Believing Women." *Islam: Unreading Patriarchal Interpretations of the Qur'an*. University of Texas Press.

Bentlage, Bjorn and Thomas Eich. 2007. "Hymen Repair on the Arabic Internet." *ISIM Review*. No.19.

Bouhdiba, Abdelwahab. 2004. *Sexuality in Islam*. Translated by Alan Sheridan. London: Routledge and Kegan Paul.

Dubai Women Establishment. 2009. *Arab women leadership outlook 2009-2011*, Dubai: Government of Dubai.

Durakbasa, Ayse and Dilek Cindogle. 2002. "Encounter at the counter: Gender and shopping experience." in Deniz Kandiyoti and Ayse Saktanber(eds.). *Fragments of Culture: The Everyday of Modern Turkey*. London: I.B. Tauris.

El-Kholy, Heba. 2000. "A tale of two contracts: Towards a situated understanding of "women interests" in Egypt" in Cynthia Nelson and Shahnaz Rouse(eds.). *Situating Globalization: Views from Egypt.* London: Transaction Publishers.

El-Saadawi, Nawal. 1980. *The Hidden Face of Eve: Women in the Arab World.* Zed Books Ltd.

Gilsenan, Michael. 1982. *Recognizing Islam: An Anthropologist's Introduction.* London: Croom Helm.

Haeri, Shahla. 1989. *The Law of Desire: Temporary Marriage in Iran.* London: I.B.Tauris.

Hitti, Philip K. 1961. *The Near East in History: A 5000 Years Story.* Princeton: D.Van Nostr and Company.

Inhorn, Marcia Claire. 1996. *Infertility and Patriarchy: the Cultural Politics of Gender and Family Life in Egypt.* Philadelphia: University of Pennsylvania Press.

Joseph, Suad. 1999. "Introduction: Theories and Dynamics of Gender, Self, and Identity in Arab Families." in Suad Joseph(ed.). *Intimate Selving in Arab Families: Gender, Self, and Identity.* Syracuse: Syracuse University Press.

Kanafani, Aida S. 1983. *Aesthetics and Ritual in the United Arab Emirates: The Anthropology of Food and Personal Adornment among Arabian Women.* Beirut: American University of Beirut.

Khuri, Fuad. 2001. *The Body in Islamic Culture.* London: Saqi Books.

Lane, Edward Williams. 1989[1836]. *An Account of the Manners and Customs of the Modern Egyptians: Written in Egypt During the Years 1833-1835.* reprinted 1989. The Hague and London: East-West Publications.

Mernissi, Fatima. 1985. *Beyond the Beil: Male-Female Dynamics in Muslim Society.* Al Saqi Books.

Pitt-Rivers, Julian. 1977. *The Fate of Shechem or the Politics of Sex: Essays in the Anthropology of the Mediterranean.* Cambridge: Cambridge University Press.

Ross, Michael L. 2008. "Oil, Islam and Women, University of California." *LA, American Political Science Review.* Vol.102, No.1.

Roudi-Fahimi, Farzaneh and Mary Mederios Kent. 2007. "Challenges and Opportunities - The Population of the Middle East and North Africa." *Population Bulletin 62.* No.2.

Stowasser, Barbara Freyer. 1994. *Women in the Quran, Tradition, and Interpretation*. Oxford.

Swarup, Fam. 2002. *Understanding the Hadith: The Sacred Traditions of Islam*. Prometheus Books.

Tamam Kahn. 2010. *Untold Story: A History of the Wives of Prophet Muhammad*. Monkfish Book Publishing Company.

Umran, Faris Muhammad. 2001. *Al-zawaj al-'Urfi: wa Sura Ukhura lizawaj gayr al-rasmi [The Urfi Marriage: Another form of Illegitimate Marriage]*. Cairo: Arab Nile Group.

Van Moorst, Bianca et al. 2012.4.17. "Backgrounds of Women Applying for Hymen Reconstruction, the Effects of Counselling on Myths and Misunderstandings about Virginity, and the Results of Hymen Reconstruction." *The European Journal of Contraception and Reproductive Health Care*. pp.93~105.

신문 기사

≪뉴시스≫. 2014.11.19. "결혼식서 신부 얼굴 처음 본 사우디 신랑 '이혼' 통보에 신부, 졸도 … 네티즌, 신랑 맹비난". http://www.newsis.com/ar_detail/view.html?ar_id=NISX20141119_0013305432&cID=10103&pID=10100

≪연합뉴스≫. 2014.12.26. "운전했다 체포 사우디 여성들 테러법정에 '별건 기소'." http://www.yonhapnews.co.kr/bulletin/2014/12/26/0200000000AKR20141226002100070.HTML?input=1179m

_____. 2015.1.23. "부르카로 여장한 터키 IS 조직원, 신발 때문에 덜미." http://www.yonhapnews.co.kr/bulletin/2015/01/22/0200000000AKR20150122190600108.HTML?input=1179m

_____. 2015.1.29. "미셸 오바마 히잡 미착용 논란에 정작 사우디인들은 무관심." http://www.yonhapnews.co.kr/bulletin/2015/01/29/0200000000AKR20150129167000009.HTML?input=1179m

≪이투데이≫. 2015.2.4. "[IS 대해부] ② '하루에 21억' … IS 자금줄은 어디?" http://www.etoday.

co.kr/news/section/newsview.php?idxno=1068184

≪조선일보≫. 2014.10.2. "IS, 여성 3명 참수 … '여성에 죽으면 천국 못간다' 타부 깨기?" http://news.chosun.com/site/data/html_dir/2014/10/02/2014100202247.html

_____. 2015.2.7. "IS 여성은 9세부터 결혼 합법 … 後代 생산·양육이 존재 목적." http://news. chosun.com/site/data/html_dir/2015/02/07/2015020700128.html

The Independent. 2013.10.30. "No woman, No drive: Song about Saudi Arabia's ban on female motorists hits right note on YouTube." retrieved from http://www.independent. co.uk/arts-entertainment/music/news/no-woman-no-drive-song-about-saudi-arabias-ban-on-female-motorists-hits-right-note-on-youtube-8913822.html

Al Arabiya. 2014.5.18. "Saudi Arabia to Introduce Marriage Training Program." retrieved from http://english.alarabiya.net/en/variety/2014/05/18/Saudi-Arabia-to-introduce-marriage-t raining-program.html

Albawaba. 2012.7.11. "Face-veils aside: Saudi and Emirati Women the Vainest in the World" retrieved from http://www.albawaba.com/editorchoice/saudi-uae-cosmetics-433512

_____. 2014.2.12. " 'The Real Arab Spring is about Women and Economic Development' - says Dr. Nasser Saidi." retrieved from http://www.albawaba.com/business/arab-economies-women-554248.

_____. 2014.6.29. "Study Reveals Women are Targets of Islamophobic Hate Crimes more Frequently than Men." retrieved from http://www.albawaba.com/editorchoice/islamophobia-women-586808

Arabnews. 2012.7.2. "65% Saudi Working Women Seek Financial Independence: Survey." retrieved from http://www.arabnews.com/saudi-arabia/65-saudi-workingwomen-seek-financial-independence-survey

China Topix. 2014.6.23. "Makeup More Commonly Used by Iranian Women" retrieved from http://www.chinatopix.com/articles/3344/20140623/makeup-more-commonly-used-ira nian-women.htm

CNN. 2014.9.14. "How Foreign Fighters are Swelling ISIS Ranks in Startling Numbers." retrieved from http://edition.cnn.com/2014/09/12/world/meast/isis-numbers/

Emirates 247. 2012.3.20. "In Saudi … Who is to Blame for High Divorce Rates." retrieved from

http://www.emirates247.com/news/region/in-saudi-who-is-to-blame-for-high-divorce-r
ates-2012-03-20-1.449351

_____. 2014.10.17. "Saudi Men are Happier than Women." retrieved from http://www.
emirates247.com/news/region/saudi-men-are-happier-than-women-2014-10-16-1.566503

Gulf News. 2009.11.6. "Saudis Debate Hymen Repair Fatwa." retrieved from http://gulfnews.
com/news/gulf/saudi-arabia/saudis-debate-hymen-repair-fatwa-1.523952

Inquisitr. 2015.1.5. "Saudi Airlines Sexist: Airline Intends To 'Enforce Rules' To Separate Male
And Female Passengers." retrieved from http://www.inquisitr.com/1726286/saudi-airlines-
sexist-airline-intends-to-enforce-rules-to-separate-male-and-female-passengers/

Islam Online. 2001.6.18. "Mut'ah marriage." retrieved from http://www.islamonline.net

Khaleej Times. 2010.1.11. "Divorce on the Rise on Arab State." retrieved from http://www.
khaleejtimes.com/DisplayArticle08.asp?xfile=data/theuae/2010/January/theuae_January
272.xml&section=theuae

Mail on line. 2010.7.30. "More Women Becoming Virgins again with Hymen Replacement
Operations on the NHS." retrieved from http://www.dailymail.co.uk/news/article-
1298684/Surge-virginity-repair-operations-NHS.html#ixzz3Ove8C9WI

Middle East Online. 2014.10.30. "Global Campaign to End Female Genital Mutilation Kicks
Off." retrieved from http://www.middle-east-online.com/english/?id=68721

Mohave Daily News. 2014.10.8. "Muslim Women Fuse Fashion, Faith: 'Hipster Hijabis' Put
New Spin on Idea of Modest Dress." retrieved from www.mohavedailynews.com/news/
muslim-women-fuse-fashion-faith-hipster-hijabis-put-new-spin/article_94f1dcae-4f72-11e
4-a07a-2315ce04dfa7.html

New York Times. 2008.6.11. "In Europe, Debate Over Islam and Virginity." retrieved from
http://www.nytimes.com/2008/06/11/world/europe/11virgin.html?scp=1&sq=In+Europ
e%2C+Debate+Over+Islam+and+Virginity+June+11%2C2008&st=nyt&_r=0

Saudi Gazette. 2013.8.14. "Marriage Contracts And Divorce Documents In The Kingdom's
Courts." retrieved from http://www.saudigazette.com.sa/index.cfm?method=home.regcon
&contentid=20130815176946

The Gulf News. 2012.4.6. "Adoption in Islam." http://gulfnews.com/news/adoption-inislam-1.1004914

The National. 2013.6.5. "UAE Weddings: Trend of Big-Budget Days may be Changing." retrieved from http://www.thenational.ae/news/uae-news/uae-weddings-trend-of-big-budget-days-may-be-changing

_____. 2013.6.9. "Women are Still too Often the Losers in Divorce Matters." retrieved from http://www.thenational.ae/thenationalconversation/comment/women-are-still-too-often-the-losers-in-divorce-matters#page1

Time. 2008.7.1. "The Dilemma of 'Virginity' Restoration." retrieved from http://content.time.com/time/world/article/0,8599,1822297,00.html

Trade Arabia. 2013.10.30. "Saudi Labour Law Helps Lift Consumer Spending." retrieved from http://www.tradearabia.com/news/RET_245445.html

인터넷 자료

Booz & Company. 2010. "Divorce in Gulf Cooperation Council Countries: Risks and Implications." retrieved from http://www.ideationcenter.com/ideation_research/ideation_article/divorce_in_gulf_cooperation_council_countries

Booz & Company. 2011. "Youth in GCC Countries: Meeting the Challenge." retrieved from http://www.strategyand.pwc.com/global/home/what-we-think/reports-white-papers/article-display/youth-countries-meeting-challenge

ICNL(International Center for Not-for-Profit Law). 2014.2.14. "NGO Law Monitor: Saudi Arabia." retrieved from http://www.icnl.org/research/monitor/saudiarabia.html

The Pew Forum. 2013. "The World's Muslims: Religion, Politics and Society, Pew Research Center." retrieved from http://www.pewforum.org/files/2013/04/worlds-muslims-religion-politics-society-full-report.pdf

Pew Research Center. 2014. "How People in Muslim Countries Prefer Women to Dress in Public?" retrieved from http://www.pewresearch.org/fact-tank/2014/01/08/what-is-appropriate-attire-for-women-in-muslim-countries/

Thomson Reuters Foundation. 2013. "Women's Rights in the Arab World." retrieved from http://www.trust.org/spotlight/poll-womens-rights-in-the-arab-world/

UNICEF. 2013. "Female Genital Mutilation/Cutting: A Statistical Overview and Exploration of the Dynamics of Change." retrieved from http://www.unicef.org/media/files/FGCM_Lo_res.pdf

United Arab Emirates Ministry of State and Federal National Council Affairs. 2007.6.13. "Women in the United Arab Emirates: A Portrait of Progress." *Gulf News*[Dubai]. retrieved from http://lib.ohchr.org/HRBodies/UPR/Documents/Session3/AE/UPR_UAE_ANNEX3_E.pdf

World Economic Forum. 2014. "Gender Gap Index." retrieved from http://reports.weforum.org/global-gender-gap-report-2014/rankings/

지은이

엄익란

2004년 영국 엑서터대학교(University of Exeter)에서 중동지역학(Doctor of philosophy in Middle East Studies)으로 박사학위를 받고 귀국 후 중동의 사회와 문화, 젠더와 관련된 연구 및 강의를 진행해왔다. 현재는 단국대학교 GCC 국가연구소에서 연구교수로 재임 중이며, 한국연구재단이 발주한 신흥지역지원사업 '사우디아라비아와 아랍에미리트 신성장 전략 연구'를 위해 양국의 인적자원개발전략을 분석하고 있다.
주요 저서로는 『이슬람의 결혼문화와 젠더』(2007), 『무슬림 마음속에는 무엇이 있을까』(2009), 『할랄, 신이 허락한 음식만 먹는다』(2011), 『이슬람 마케팅과 할랄 비즈니스』(2014) 등이 있다.

GCC 국가연구소 총서 1

금기, 무슬림 여성을 엿보다

ⓒ 엄익란, 2015

지은이 엄익란 **| 펴낸이** 김종수 **| 펴낸곳** 한울엠플러스(주) **| 편집** 조인순

초판 1쇄 발행 2015년 8월 31일
초판 2쇄 발행 2018년 10월 25일

주소 10881 경기도 파주시 광인사길 153 한울시소빌딩 3층
전화 031-955-0655 **| 팩스** 031-955-0656 **| 홈페이지** www.hanulbooks.co.kr
등록번호 제406-2003-000051호

Printed in Korea.
ISBN 978-89-460-6544-4 03330

※ 책값은 겉표지에 표시되어 있습니다.